Fuß | Jim Morrison. 100 Seiten

*** Reclam 100 Seiten ***

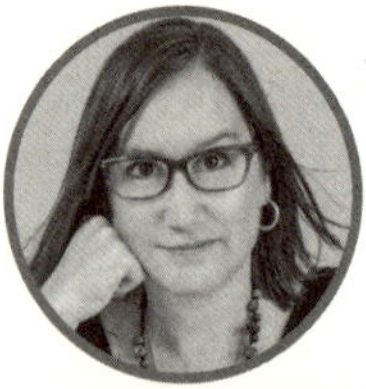

BIRGIT FUSS, geb. 1972, begann 1993 bei der *Hamburger Morgenpost* über Musik zu schreiben, ist seit über 20 Jahren Redakteurin beim deutschen *Rolling Stone* und hat Bruce Springsteen, Bono und mehr als 400 andere interessante Menschen interviewt.

Birgit Fuß

Jim Morrison. 100 Seiten

RECLAM

2021 Philipp Reclam jun. Verlag GmbH,
Siemensstraße 32, 71254 Ditzingen
Umschlaggestaltung nach einem Konzept von zero-media.net
Infografik (S. 32 f.): annodare GmbH, Agentur für Marketing
Bildnachweis: S. 11: © ARCHIVIO GBB / Alamy Stock Photo;
S. 26: © Pictorial Press Ltd / Alamy Stock Foto; S. 50: dcphoto / Alamy Stock Foto; S. 61: © IMAGO / ZUMA Wire;
S. 67: CC-BY-SA 2.0 / Books18 (1), CC-BY-2.0 / Étienne Carjat (2);
S. 98: Wikimedia Commons / Krzysztof Mizera;
Autorinnenfoto: © Friederike Göckeler
Druck und Bindung: Eberl & Koesel GmbH & Co. KG,
Am Buchweg 1, 87452 Altusried-Krugzell
Printed in Germany 2021
RECLAM ist eine eingetragene Marke
der Philipp Reclam jun. GmbH & Co. KG, Stuttgart
ISBN 978-3-15-020576-1

Auch als E-Book erhältlich

www.reclam.de

Für mehr Informationen zur 100-Seiten-Reihe:
www.reclam.de/100Seiten

Inhalt

»Light My Fire«: Prolog

Auf die Frage, ob ich mir vorstellen könne, ein Buch über Jim Morrison zu schreiben, schickte ich ein leicht vergilbtes Foto zurück. Wenn ich an den Sänger der Doors denke, bin ich sofort zurück im Jahr 1989. Ich sehe mich mit 17 an seinem Grab in Père-Lachaise sitzen. Paris fand ich von der Architektur abgesehen überwiegend doof, weil ich kein Französisch konnte und mich unwillkommen fühlte. (Es half nicht, dass ein Typ, den ich auf Englisch fragte, wo der Ostbahnhof sei, mit »Vive la France!« antwortete, und meine Jugendherberge neben einer Sadomaso-Spelunke lag.) Auf dem Friedhof war dagegen eine faszinierende Ruhe. Es saßen nur ein paar Hippies herum, die wir damals Ökos nannten, manche rauchten und tranken Bier. Alle flüsterten. Der Steinklotz wirkte schäbig, die pompösen Gräber von Oscar Wilde und Edith Piaf waren weit weg. Ich wollte so gern cool sein, doch ich war so traurig. Hier liegt also das bisschen Materie, das auf der Erde von ihm übrig geblieben ist. Seine wahre Bedeutung, das wurde mir im Laufe der nächsten 30 Jahre klar, sitzt in unseren Köpfen und Herzen – und da hat er sich erstaunlich tief eingegraben.

Spontan: Was fällt einem zu Jim Morrison ein? Viele sensationelle Songs. Fotos mit nacktem Oberkörper. Das Grab. Die

Lederhose. Die Lippen. »Whisky a Go Go«. Verhaftungen. Gedichte. Aggression. Suff. Sex. Tod. Und dann war da noch: der Hass auf den Offiziersvater, die Faszination für »Indians« und Schamanen, der Spaß an der Manipulation, das Interesse an Filmen und Symbolismus, die Mischung aus Dionysos und Apoll, Ödipus und Sisyphos, der Hang zu Exzess, Exhibitionismus und Ekstase, aber auch die Verehrung für Jack Kerouac, Arthur Rimbaud und Friedrich Nietzsche. Vielleicht war manches davon oberflächlich, und natürlich war Morrison kein Baudelaire. Seine Poesiebände sind nicht so beeindruckend wie die Songs der Doors, weil sein Pathos dort von den unwiderstehlichen Melodien und der dunklen Stimme aufgefangen wird, während es auf Papier manchmal ein wenig übertrieben wirkt. Man muss Morrison auch nicht dafür lieben, dass er sich »The Lizard King« nannte und »Mr. Mojo Risin'«, wobei zumindest beim Eidechsenkönig durchaus eine Ironie mitschwang, die meistens übersehen wurde.

Aber wie viele Rockstars kennen Sie, die sich überhaupt für Existenzialisten, Surrealisten und Okkultisten interessieren? Kann sein, dass Jim Morrison kein großer Dichter und Denker war, doch er versuchte verdammt noch mal wenigstens, einer zu sein! Er gab sich nicht zufrieden, nie. Er hasste die Leute, die nur seinen Körper sexy fanden und nicht seine Seele, seinen Geist. Er war wohl zu schön, um ernst genommen zu werden, also legte er sich einen Bart und einen Bauch zu. Es half nichts, die Paranoia wuchs. Er floh nach Paris, und dann starb er: die letzte Herausforderung, das definitive Abenteuer.

Am 3. Juli 1971 wechselte er, mit gerade mal 27, in eine andere Welt. Und 50 Jahre später haben die Doors immer noch nichts von ihrer Magie verloren. Wie ist das möglich?

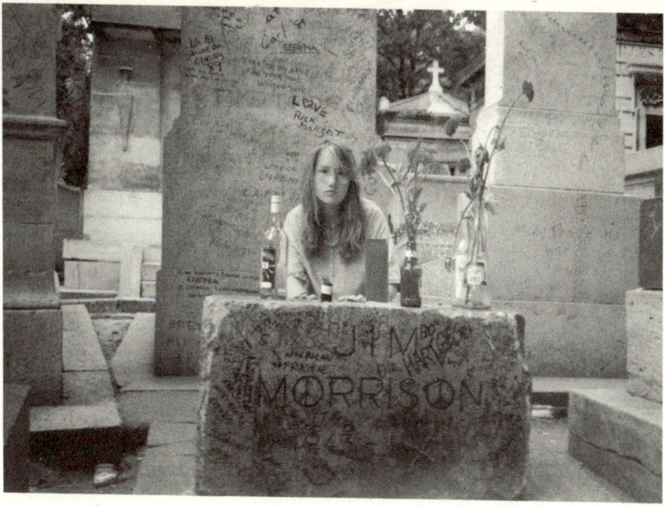

Zwischen Graffiti und leeren Flaschen blieb noch etwas Platz zum Trauern: Birgit Fuß an Jim Morrisons Grab (1989)

Sie hatten – vom Erscheinen ihres Debüts im Januar 1967 an gerechnet – nicht einmal fünf Jahre. Sogar die Beatles hatten mehr Zeit. Vergleichbar ist die Wucht, mit der die Doors in der Welt aufschlugen und wieder verglühten, allenfalls mit Nirvana. Doch Kurt Cobain taugte zwar zur Projektionsfigur und Glorifizierung, aber nicht als hedonistischer Rebell. Von allen Unsterblichen ist Jim Morrison der Unsterblichste – und derjenige, bei dem sich Erwachsene immer etwas verschämt winden: »Die Doors? Habe ich als Teenager geliebt!« Das Pin-up-Poster von Morrison wurde von der Wand genommen, doch wer schlau war, legte die Alben weiterhin auf: Es gab immer mal wieder etwas Neues zu entdecken in den Liedern, auch jenseits von juveniler Begeisterung. Sicher war Morrisons Lyrik nicht immer subtil (und sein Auftreten schon gar nicht), die Themen blieben aber relevant: Wo kommen wir her, wo wollen wir hin, wer sind wir, und was soll das alles? Das gilt übrigens genauso für einen anderen Mann, der stets den Zauber und die Weisheit suchte, irgendeine Utopie und irgendeinen Sinn: Hermann Hesse. Die Doors-Biographie *Keiner kommt hier lebend raus* von Jerry Hopkins und Danny Sugerman stand in vielen Regalen gleich neben *Demian* und *Der Steppenwolf*.

»No eternal reward will forgive us now / for wasting the dawn«, sprach Morrison in »Stoned Immaculate«. Er hat keine Zeit verschwendet, nur sich selbst. Wenn er in »Take It As It Comes« so lässig »Specialize in having fun« empfiehlt, klingt das schon fast wie Hohn – ein Hippie, der einfach mal alles auf sich zukommen lässt, war Morrison nicht. »We want the world, and we want it now!«

Innerhalb von sechs Alben wandelten sich die Doors von der psychedelischen Pop- zur Bluesband, blieben dabei aber immer unverwechselbar. Was nicht nur am Sänger lag. Er überschattete seine drei Kollegen bald, doch er brauchte sie; ohne sie wäre er vielleicht nur ein weiterer Rumhänger in Venice Beach geworden, der sich für etwas Besonderes hält. Diese Typen haben an ihn geglaubt und ihn hochgehalten, solange es ging: Ray Manzarek mit seiner grandiosen Orgel und der ungenierten Hybris, Robby Krieger mit seinem eingängigen Songwriting und der angenehmen Zurückhaltung, John Densmore mit seinem vertrackten Schlagzeug und der dringend nötigen Vernunft.

Was sie nach dem Tod ihres Sängers alles veranstaltet haben (die peinlichen Comebacks, die Streitereien, die Veröffentlichungen jedes Schnipsels), soll hier kein Thema sein. Erinnern wir uns an Jim Morrison und die Doors, wie sie ewig bestehen: Von den ersten Takten von »Break on Through (To the Other Side)« bis zu den letzten von »Riders on the Storm« eröffneten sie uns in kaum mehr als vier Jahren eine Welt. Sie war wild und sinnlich, oft beängstigend, manchmal grotesk, aber eins war sie nie: klein.

Fragen, die ich noch an Jim Morrison habe, Teil 1

»Oh, don't ask why«, singt er im »Alabama Song«, doch in einer Zeit, in der an allem gerüttelt wurde, was bisher als gesellschaftliche Norm galt, war Jim Morrison der König der Fragen. Er säte mit Absicht Unruhe, weil er wollte, dass die Menschen anfangen zu zweifeln und über das Gewohnte hinauszudenken. »Have you been born yet, and are you alive?« Ach, Jim, Du hast so viele kluge Fragen gestellt und so wenig Zeit gehabt, Antworten zu finden. So gern würde ich noch so viel von Dir wissen. Wie schrieb Rilke in *Briefe an einen jungen Dichter*? Es geht darum,

> Geduld zu haben gegen alles Ungelöste in Ihrem Herzen und zu versuchen, die Fragen selbst liebzuhaben wie verschlossene Stuben und wie Bücher, die in einer sehr fremden Sprache geschrieben sind. Forschen Sie jetzt nicht nach den Antworten, die Ihnen nicht gegeben werden können, weil Sie sie nicht leben könnten. Und es handelt sich darum, alles zu leben. Leben Sie jetzt die Fragen. Vielleicht leben Sie dann allmählich, ohne es zu merken, eines fernen Tages in die Antwort hinein.

Nach all den Jahren sind immer noch so viele Fragen offen – und weil Jim Morrison am 3. Juli 1971 den Planeten verlassen hat, kann ich sie ihm nicht mehr stellen. Das hat mich schon als Jugendliche gefuchst, und vielleicht bin ich auch deshalb Journalistin geworden – um die Musiker zu befragen, die noch zur Verfügung stehen. Aber eigentlich dachte ich schon an Morrisons Grab: Die Antworten sind gar nicht entscheidend, vielleicht waren sie es nie. Wichtig ist, niemals mit dem Suchen aufzuhören. Also, Jim, wo immer Du jetzt bist – was mich bis heute umtreibt: Wenn Du die Musik, das Schreiben so geliebt hast, warum konntest Du auf den Schnaps nicht verzichten? Ist Betäuben nicht eigentlich das Gegenteil von Exzess – und Sucht das Gegenteil von Freiheit? Hättest Du vielleicht noch viel mehr (er)leben können ohne den ständigen Rausch, der ja weniger Ekstase war als Weltflucht? Hätte Dich irgendjemand oder irgendetwas retten können? »Well, the music is your special friend / Dance on fire as it intends«: Was ist die Wahrheit dahinter? Warum hast Du nicht versucht zu lernen, so auf dem Feuer zu tanzen, dass Du nicht verbrennst? Du hast Dich verschwendet, und dann bist Du verschwunden, bevor Dein Funken ganz verglühen konnte. Bist Du friedlich gegangen? Und wo kamst Du eigentlich her?

»People are strange when you're a stranger«: Der Junge, der Mann

Hätte man sich denken können, dass aus dem nichts wird. Oder eben einer der größten Rockstars aller Zeiten. Die Renitenz, der Hang zur Provokation war von klein auf in ihm angelegt. James Douglas Morrison wurde am 8. Dezember 1943 in Melbourne/Florida als Sohn von Clara (1919–2005) und George Stephen (1919–2008) geboren, einer Sekretärin und einem Marine-Offizier. Seine Kindheit war geprägt von permanenten Ortswechseln und entsprechend wenig Stabilität. Die Morrisons wohnten am Golf von Mexiko, in Washington, in Albuquerque, in verschiedenen Städten in Kalifornien – wie es eben so üblich ist, wenn der Vater vom Militär ständig versetzt wird. Manchmal sah Jim ihn wochenlang nicht. Natürlich muss das nicht zwangsläufig bedeuten, dass sich ein Heranwachsender nirgendwo integrieren kann und sich nirgends zu Hause fühlt, auch nicht in der eigenen Haut. Aber bei Jimmy, wie ihn seine Familie damals nannte, war es offensichtlich so – sobald er Freunde gefunden hatte, fuhr schon der nächste Umzugswagen vor. Er lernte, sich nicht zu sehr auf andere einzulassen, und Autoritäten waren ihm früh ein Graus. Und dann war da noch etwas in ihm, das wir wahrscheinlich nie wirklich ergründen oder erklären können – etwas Dunkles, das sich durch sein gesamtes kurzes Leben zog.

Ein Zwischenfall ist wohl der berühmteste aus Morrisons frühen Jahren, er kam selbst immer wieder darauf zurück und bezeichnete ihn als den wichtigsten Moment seines Lebens – wenngleich er damals erst fünf war. Jimmy war mit seinem Vater und seiner Großmutter auf dem Weg von Albuquerque nach Santa Fe, als sie zu einer Unfallstelle kamen. Ein LKW war umgestürzt, sie sahen etliche verletzte, womöglich tote Pueblos auf und neben der Straße liegen, einige weinten. George Stephen Morrison hielt an, rief Polizei und Krankenwagen. Angeblich war der kleine Jim so entsetzt von der Szene, dass sein Vater ihn kaum beruhigen konnte und schließlich behauptete, es sei alles nur ein böser Traum gewesen. Jim wiederum war später davon überzeugt, dass damals »die Seele eines sterbenden Indianers« in seinen Körper gedrungen sei. Den Schmerz wurde er nie wieder los.

Die Highschool begann Jim 1957 in Alameda/Kalifornien, wo es einen großen Marinestützpunkt gab. Es war schon das siebte Zuhause des gerade mal 14-Jährigen. Er machte sich dort nicht beliebt mit seinen Streichen und frechen Kommentaren. Zwar attestierten ihm die Lehrer Talent in einigen Bereichen, aber auf manch kreative Leistung reagierten sie ablehnend – zum Beispiel auf Jims obszöne Zeichnungen. Eine zeigte einen Mann, der eine Cola-Flasche als Penis und einen Flaschenöffner als Hoden hatte, dazu floss undefinierbare Flüssigkeit an ihm herunter.

Im Winter desselben Jahres veränderte sich das Leben des Schülers für immer – so wie sich nur in den Teenagerjahren die Welt verändern kann: mit einem Buch. Er las Jack Kerouacs *On The Road – Unterwegs*. Und dann las er einen Schriftsteller aus der Beat Generation nach dem anderen. Er liebte auch Lawrence Ferlinghetti und Allen Ginsberg, doch in Kerouacs Roman fand er die Figur, die er sein wollte: Dean Moriarty. Er imitierte dessen Lachen, und natürlich liebte er die Stelle, in der Kerouac schreibt, die einzig wahren Menschen seien für ihn die Verrückten. Die, die wie Wunderkerzen brennen. So einer wollte Jim sein, auf keinen Fall ein Staatsdiener wie sein Vater. Er saß stundenlang in seinem Jugendzimmer und las. An den Wochenenden fuhr er manchmal mit dem Bus in irgendein entlegenes Stadtviertel, ging spazieren und schoss viele Fotos. Bilder und Sprache wurden ihm das Wichtigste. Er entdeckte auch den englischen Dichter und Naturmystiker William Blake (1757–1827), der einen entscheidenden Einfluss auf Jims weiteres Leben hatte: Den späteren Bandnamen The Doors entlehnte er dessen Satz »If the doors of perception were cleansed, everything would appear to man as it truly is, infinite« (»Wenn die Pforten der Wahrnehmung gereinigt würden, würde alles dem Menschen erscheinen, wie es ist: unendlich«) aus der Ideenschrift *The Marriage of Heaven and Hell* (1790–1793). Auch eine andere berühmte Erkenntnis Blakes zitierte Morrison später immer wieder: »There are things that are known, and things that are unknown, and in between there are doors.« (»Es gibt das Bekannte und das Unbekannte – und die Türen dazwischen.«) Aldous Huxley führte diese Überlegungen 1954 in seinem Essay »Die Pforten der Wahrnehmung« fort, in dem er die Wirkung von Meskalin aufs Bewusstsein beschreibt, aber auch Fragen zu Musik und Kunst erörtert.

Eine Tür – genau das wollte Morrison mit seiner Musik sein: der Übergang zum Neuen, Geheimnisvollen, Mythischen. Wie man dort hinkommt – auch dafür fand er das passende Blake-Zitat: »The road of excess leads to the palace of wisdom.« (»Der Weg der Exzesse führt zum Palast der Weisheit.«) Morrisons Dichterfreund Michael McClure erinnerte sich später gern noch an ein anderes: »Prudence is a rich, ugly, old maid courted by incapacity.« (»Umsicht ist eine reiche, hässliche alte Jungfer, hofiert von Unfähigkeit.«) Und er ergänzte lachend: »Umsicht ging Jim komplett ab.«

Vielleicht erschuf sich Jim Morrison schon damals selbst – aus seiner Bewunderung für die Visionäre und Dichter. Allerdings machen das ja nicht wenige Teenager, wenn sie clever genug sind, sich eigene Wege zu suchen, statt einfach ihren Eltern zu folgen. Und intelligent war Jim, angeblich hatte er einen IQ von 149. Ausweislich erzielte er gute Noten, zumindest solange er sich für die Schule interessierte. In den Bibliotheken verbrachte er viel Zeit, und hin und wieder zitierte er aus Büchern, die seine Lehrer gar nicht kannten. Das brachte ihm nicht unbedingt Bonuspunkte ein, einige irritierte seine Arroganz. Auch testete er seine Wirkung auf andere Menschen mit immer gewagteren Spielchen, die vor allem seine Schulfreundin Tandy ausbaden musste. Zum Beispiel, als er sie bei einem Spaziergang einmal flüsternd bat, einer Skulptur den Hintern zu küssen. Tandy weigerte sich natürlich, doch er insistierte, bis sie die Nerven verlor und ihn anschrie, sie werde auf keinen Fall den Arsch dieser Figur küssen. Die herumlaufenden Passanten starrten sie an. Jim stand ein paar Meter abseits und tat, als habe er nichts mit ihr zu tun. Als Tandy einmal wissen wollte, warum er immer so gemeine Scherze mache, antwortete er: »Sonst hättest du bald kein Interesse mehr an mir.« Später sagte er in einem Interview mit Salli Stevenson vom *Circus*-Magazin, er sehe sich selbst als »intelligenten, sensiblen Menschen mit der Seele eines Clowns, die mich immer dazu bringt, die wichtigsten Momente zu vergeigen«. Ein anderes

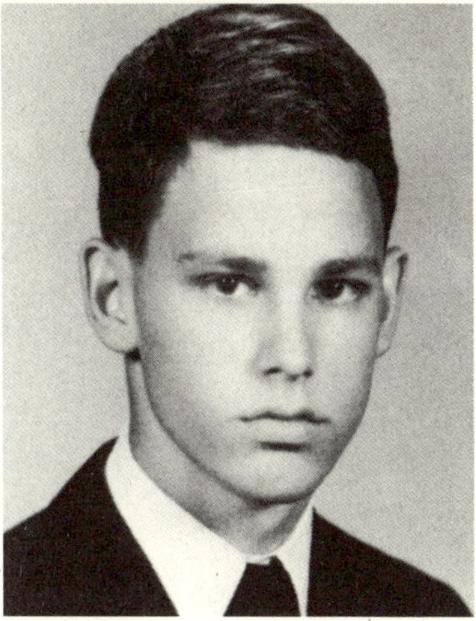

Jim Morrison 1961 als Siebzehnjähriger. Yearbook-Bild von der George Washington High School in Alexandria, Virginia

Mal nahm er einen verdorbenen Fisch mit in den Bus (damals noch ohne Klimaanlage), nur um zu sehen, wie die Leute darauf reagieren würden. Seine Annahme bestätigte sich: Sie waren sauer und angeekelt.

Das alles kann man noch albern bis halblustig finden. Es gibt allerdings auch die Vermutung, dass hinter Jims Stimmungsschwankungen und seinem immer erratischeren Verhalten mehr steckte als die normalen Teenager-Kapriolen. Seinem Freund Max Fink erzählte er 1969 angeblich, dass er als kleiner Junge missbraucht worden war. Und dass seine Mutter, als er ihr davon berichtete, behauptete, er sei ein Lügner. Das habe er ihr nie verzeihen können. Als er später einmal ins Bett genässt habe, habe sie sich außerdem über ihn lustig gemacht und ihn gezwungen, auf dem nassen Laken zu schlafen. »Danach hatte ich keine Kindheit mehr«, soll Morrison zu Fink gesagt haben.

Zumindest Produzent Paul Rothchild leuchtete diese Kindheitsversion ein: »Das würde einiges erklären.« Der Sänger war zwar ein begnadeter, oft auch manipulativer Geschichtenerzähler, doch würde jemand bei so einer Enthüllung lügen?

Manche seiner Songtexte scheinen die Missbrauchs-Theorie zu bestätigen, zumindest können sie in diese Richtung gedeutet werden: die Verfolgungsszene im Badezimmer im Song »Hyancinth House«. Oder diese Verse in »American Prayer«: »Do you know we are being led to slaughter by placid admirals / And that fat slow generals are getting obscene on young blood?« und »This other kingdom seems by far the best / Until it's other jaw reveals incest.« Und bei den Geistern in »Peace Frog«, die »the young child's fragile eggshell mind« bedrängen, bezieht er sich zwar wieder auf das Erlebnis mit den sterbenden Indianern – aber nicht selten erzählen Missbrauchsopfer ja genau solche Deckerinnerungen (wie Sigmund Freud sie nannte) statt der eigentlichen Geschichte: Eine weniger schlimme Grausamkeit überdeckt eine andere, die zu schrecklich ist, um sie auszusprechen. War Morrison also traumatisiert? Wer einmal »The End« gehört hat, kann sich kaum etwas anderes vorstellen (s. S. 15). Wo das Trauma genau herkam, werden wir wohl nicht mehr erfahren. Es gibt ein anwaltliches Schreiben, in dem Jims Eltern versichern, es habe »keinerlei Fehlverhalten« gegeben. Auf jeden Fall kroch damals etwas Düsteres in Morrisons Seele und verschwand nie wieder. Es biss sich fest und fraß ihn am Ende auf.

Zurück zur Musik. Wobei: In der Richtung lief bei Jim Morrison damals noch wenig. Ein paar Monate lang versuchte er als Teenager, Klavier zu lernen, doch dazu fehlte ihm die Disziplin. Auch Gitarre war zu mühsam, mehr als Maracas waren nicht drin. Er ging kaum zu Konzerten. Dass er singen konnte, wusste er offensichtlich noch gar nicht. Aber schreiben konnte er schon in der Highschool – der Songtext zu »Horse Latitudes« stammt aus dieser Zeit. Vor allem war Jim aber damit beschäftigt, seine Geschwister (er hatte einen Bruder, Andy, und eine Schwester, Anne) zu ärgern, die Mitschüler entweder einzuschüchtern oder zu beeindrucken – er wurde mehrmals zum Klassensprecher gewählt – und kleinbürgerliche Gepflogenheiten abzulehnen. Seine in ihrer Nachlässigkeit perfekte Frisur modellierte er angeblich nach dem Vorbild von Alexander dem Großen. Auch die Art, wie er oft den Kopf neigte, guckte er sich bei dem legendären Eroberer ab. Er wusch sich die Haare ungern, lehnte Kämme strikt ab und trug wochenlang dieselben Klamotten. Von Hygiene hielt er nicht viel.

Damals dachte er noch nicht daran, dass er jemals ein Rocksänger werden würde, aber unbewusst sammelte er in seinem Kopf schon alles zusammen, was es dafür brauchte. Er sah sich selbst eher als Schriftsteller oder Soziologen, doch irgendwann begann er, innerlich ganze Rockkonzerte zu hören. Er dachte sich Texte aus, er hörte die Melodien dazu, und er sah vor allem das Publikum – ein großes Publikum. Wie alle zusammen nach etwas Höherem streben, von der Ekstase zur Erkenntnis, eine transzendentale gemeinsame Erfahrung, nicht weniger. Dagegen konnte die reale Welt, in der er sich noch befand, nur verlieren. Zur Abschlussfeier seiner Highschool tauchte Jim nicht auf, das Zeugnis bekam er per Post. Um dem Kriegsdienst zu entkommen, fing er 1961 halbherzig ein Studium am St. Petersburg Junior College, dann an der Florida State University an. (Im März 1965 gelang es ihm, endgültig als untauglich eingestuft zu werden – er hatte einiges eingeworfen und behauptete, schwul zu sein. Möglicherweise rettete ihn aber auch einfach sein Asthma.)

Erst 1964 begann sein Leben endlich so richtig: Er wurde am Department Of Theatre Arts an der UCLA, der University of California in Los Angeles, angenommen, Fachbereich Film. Zur selben Zeit studierte dort unter anderem auch Francis Ford Coppola. Das Filmische spielt in Morrisons Kunst eine große Rolle, wie sich später noch zeigen wird, aber an der UCLA war er keiner der Überflieger. Im Mai 1965 fabrizierte er einen Film zum Semesterabschluss, der »ein Film über den Prozess des Filmens« sein sollte – ein wirrer Zusammenschnitt von einem kiffenden Jim, halbnackten Frauen, Fernsehausschnitten von einer Nazi-Parade. Bei der Aufführung rissen schließlich auch noch die verklebten Stellen. Es gab ein »Ungenügend«. »Film ist ein schwer zugängliches Medium«, sagte Jim später. »Es ist viel komplexer als Musik, man braucht so viele Leute und so viel Ausrüstung. Ich mag das Medium Rock wegen seiner Direktheit.« Auf der Bühne konnte er dem Publikum viel näher sein, seine Wirkung direkt spüren. Filmzuschauer bezeichnete er als »stille Vampire«, ihm war dann doch das Laute lieber.

Mit der Familie schloss Jim früh ab. Als er seinen Eltern schrieb, ein Abschluss in Kinematographie sei leider nicht viel wert und er habe sich jetzt einen anderen Job gesucht, nämlich als Sänger in einer Band, bekam er von seinem Vater einen Brief zurück, in dem vor allem Vorwürfe und Bedenken standen. Als Kind habe er doch nicht mal das Klavierspielen lernen wollen, bei den Weihnachtsliedern auch nie mitgesungen, vier Jahre lang habe man ihm das Studium bezahlt, und nun das? Jim meldete sich nie wieder. Zum letzten Mal gesehen hatte er seine Eltern Ende 1964.

Als seine Plattenfirma Elektra Records Material für ein Presse-Info zum Debütalbum der Doors zusammensuchte, gab er an, seine gesamte Familie sei tot. Im Herbst 1967 rief seine

Mutter ihn noch einmal an und lud ihn zum Thanksgiving-Essen ein, aber als sie ihn darum bat, sich dafür dem Vater zuliebe die Haare zu schneiden, legte er auf. Sie kam dann trotzdem mit seinem Bruder Andy zu einem Konzert in Washington, war schockiert, als er ihr die berühmten Zeilen von »The End« direkt ins Gesicht sang (»Father, I want to kill you / Mother, I want to…«) – und hoffte dennoch, ihn später im Hotel noch treffen zu können. Doch Jim war schon abgereist.

Morrison hatte längst eine andere, größere Welt für sich entdeckt. Auf dem UCLA-Gelände war er eines Tages im Frühling 1965 Ray Manzarek begegnet, dessen Band Rick And The Ravens einen lukrativen Gig in Aussicht hatte. Rays Bruder Rick spielte das Piano, sein anderer Bruder Jim die Gitarre, aber ihnen fehlte, um den Vertrag ordnungsgemäß zu erfüllen, noch ein weiterer Musiker. Ob Jim einspringen wolle? Jim gab zu bedenken, dass er gar kein Instrument spielen könne. »Schon okay«, sagte Ray, »wir stöpseln deine E-Gitarre nicht ein.«

»We Could Be So Good Together«: Die Band

»Wie eine Bogensaite, die 22 Jahre lang gespannt und plötzlich losgelassen wurde«: So fühlte sich Jim Morrison 1965. Endlich begann das Leben, und es hatte nichts mit dem spießigen Alltag seiner Eltern zu tun. Jim »wohnte« damals auf dem Dach eines Apartmenthauses in Venice Beach, er ernährte sich praktisch nur von Alkohol und Drogen. LSD und Marihuana nahm er fast täglich – alle Trips, die er kriegen konnte, um sein Bewusstsein zu erweitern. Dazu trank er allerdings auch oft bis zur Besinnungslosigkeit. Zwischen den Ausfällen gab es kreative Schübe, die ihn selbst begeisterten – er schrieb seine Notizbücher voll und dachte kaum ans Essen. In kürzester Zeit verlor er stark an Gewicht, die legendären Wangenknochen kamen hervor. Seiner Ausstrahlung war er sich sehr bewusst, schon bei den ersten Fotoshootings und Interviews. Er spielte mit der Kamera, hatte keine Probleme damit, sein Hemd auszuziehen und den Mund ein bisschen zu öffnen. Immerhin behauptete er ja auch, die Doors seien »Politiker der Erotik«. Und er wusste, dass sie die Welt erobern würden, wenn sie nur mutig genug waren. Die richtigen drei Menschen, die seine Vision umsetzen konnten, fand er in Robby Krieger, Ray Manzarek und John Densmore.

Robby Krieger, am 8. Januar 1946 in Los Angeles geboren, hatte eine recht klassische kalifornische Kindheit. Er hörte schon früh Rock'n'Roll und begann mit 14 zu surfen. Probierte mit 10 die Trompete aus, später Klavier. Die erste Gitarre nahm er relativ spät, mit 17, in die Hand, ließ sie dann aber nie mehr los. Neben Folk und Blues spielte er auch viel Flamenco. Eigentlich hatte er nicht vor, Rockmusiker zu werden, sondern Jazzer. Als sich die Doors 1973, zwei Jahre nach Morrisons Tod und nach zwei erfolglosen weiteren Alben, trennten, gründete er die Robby Krieger Band, löste sie allerdings wegen Erfolglosigkeit bald wieder auf. Er nahm etliche Soloalben auf, zuletzt 2020 *The Ritual Begins At Sundown*.

Ray Manzarek, am 12. Februar 1939 in Chicago geboren, war der Älteste in der Band und schon seit mehreren Jahren im Kulturbetrieb unterwegs, als die Doors sich gründeten. Sein Orgelspiel wurde schnell zum Markenzeichen der Band (allein der Auftakt von »Light My Fire«!). Er hatte mit neun oder zehn Jahren angefangen, Klavier zu spielen. Hasste es vier Jahre lang, bis er es konnte. Hörte mit 12 auf einem Baseballplatz zum ersten Mal afroamerikanische Musik und war hingerissen. Begann, sich für Jazz, Blues und Rock zu interessieren, aber zunächst hauptsächlich für Film und Theater. Ging mit 21 nach Los Angeles, an die UCLA. Über die Doors sagte er anfangs, sie seien ein Sinnbild für Amerika: »Wir sind wie das Land selbst, ein Schmelztiegel.« Auf jeden Fall war er derjenige, der Jim immer verteidigte. Auch Jahrzehnte nach Morrisons Tod begann Manzarek immer zu lächeln, wenn er von ihm sprach. In einem freundlichen Singsang verteidigte und glorifizierte er seinen Sänger und Freund. Er hatte beschlossen, sich vor allem die guten Erinnerungen zu bewahren.

Manzarek heiratete schon 1967 seine Freundin Dorothy, abseits der Doors lebte er immer eher beschaulich. Nach Morrisons Tod entwickelte er einige Solo-Projekte (darunter das Album *The Golden Scarab*, 1974, zwei Alben mit Nite City und eine moderne Version der *Carmina Burana*, 1983), kam aber immer wieder auf die Doors zurück. 1978 erschien das dritte und einzig interessante Doors-Album nach Morrisons Tod, *An American Prayer*, für das die Band Backingtracks zu einigen Gedichtausschnitten entworfen hatte, die Morrison 1970 eingesprochen hatte. 1993 folgte die Einführung in die »Rock And Roll Hall of Fame« in Cleveland/Ohio, bei der Manzarek mit Krieger und Densmore drei Doors-Stücke spielte, den Gesang übernahm Eddie Vedder (Pearl Jam). 2000 kamen die drei noch einmal zusammen, um für die Reihe »VH-1's Storytellers« ein Reunion-Konzert zu geben, bei dem mehrere Sänger versuchten, Morrison zu ersetzen – darunter Scott Weiland (Stone Temple Pilots), Scott Stapp (Creed) und Perry Farrell (Jane's Addiction). Auf dem Tribute-Album *Stoned Immaculate: The Music of the Doors* kann man einiges davon nachhören.

Dann wurde es bitter. 2002 gründeten Manzarek und Krieger The Doors Of The 21st Century, als Sänger holten sie sich Ian Astbury von The Cult – der sich redlich bemühte, eine ähnlich düstere Sinnlichkeit wie sein Vorgänger auszustrahlen, aber kläglich scheiterte. Es kam zu einem gut dokumentierten Rechtsstreit mit Schlagzeuger John Densmore, der das Vermächtnis der Doors in Gefahr sah, worauf sich die beiden 2005 in Riders On The Storm umbenannten, später in Ray Manzarek And Robby Krieger of The Doors. Manzarek starb am 20. Mai 2013 in Rosenheim an Gallenkrebs.

John Densmore, am 1. Dezember 1944 in Santa Monica / Kalifornien geboren, nahm mit zehn seine erste Klavierstunde. Das erste Schlagzeug bekam er in der Unterstufe, später spielte er auch Pauke. Er studierte an der California State University in Los Angeles Musik, orientierte sich vor allem an Jazz-Drummern wie Elvin Jones und war derjenige, den Jim Morrisons Exzesse am meisten nervten. In *Riders On The Storm: My Life with Jim Morrison And The Doors* erzählt er davon. Noch interessanter ist allerdings sein zweites Buch *Unhinged* (2013), in dem er detailliert beschreibt, warum er seine ehemaligen Kollegen wegen Verletzung der Namensrechte verklagte und wie sich der Prozess für ihn darstellte. Wer noch an Freundschaft und Loyalität im Musikgeschäft glaubt, sollte sich vielleicht lieber davon fernhalten. Immerhin versöhnten sich Densmore und Krieger nach Manzareks Tod und spielten 2014 sogar mal wieder zusammen, zur Premiere des Dokumentarfilms *Mr. Mojo Rising: The Story Of L. A. Woman*. Er sei wirklich sehr wütend auf Robby gewesen, sagt Densmore, »doch nach vier Akkorden von ›Love Me Two Times‹ war ich wieder in ihn verliebt«. Die Magie der Musik.

Zurück zu den entscheidenden Jahren, denen zwischen 1965 und 1971. Schon die erste Probe, zu der Manzarek Morrison einlud, muss faszinierend gewesen sein – zumindest wurde es später immer wieder so erzählt. Der Sänger war schüchtern, hielt seine Stimme für schwach. Manzarek ermutigte ihn, und Morrison sang die Anfangszeilen von »Moonlight Drive«: »Let's swim to the moon, uh huh / Let's climb through the tide / Penetrate the evening / That the city sleeps to hide«. Manzarek sagte: »Das ist es.« Er erkannte gleich, dass die Mischung aus Poesie und Rockmusik einmalig werden könnte – und lukrativ. Später bedauerte er, dass diese eine Frage, die er Morrison damals stellte, sich so ins kollektive Gedächtnis gebrannt hat: »Warum gründen wir nicht eine Rock'n'Roll-Band und verdienen Millionen von Dollars?« Das Geld war ein sehr willkommener Nebeneffekt, aber begeistert war Manzarek vor allem davon, dass er endlich einen Gleichgesinnten gefunden hatte, einen, der genau dasselbe wollte wie er: an die Grenzen gehen, geistig und musikalisch. Weil er sich etwas Sorgen machte, dass sich Morrison auf dem Dach eine Lungenentzündung einhandeln könnte und dann kein so guter Sänger mehr wäre, ließ er ihn bei sich und Dorothy wohnen. Und er ermunterte ihn sogar zu Fitnessübungen: Die beiden begannen, sich jeden zweiten Tag am Venice Beach an einer Reihe von Ringen entlang zu hangeln – anfangs vor allem, weil es ihnen peinlich war, dass sie kaum einen Meter schafften, während es bei etlichen Kindern so spielend leicht aussah, als wären sie Äffchen. Nebenbei erkannten sie, dass es wohl nicht schaden würde, für die Rockstarkarriere auch körperlich gerüstet zu sein.

Dass John Densmore bald zu dem Unternehmen stieß, war ein weiterer nicht unbedingt abzusehender Glücksfall, denn zumindest das erste Aufeinandertreffen zwischen ihm und Manzarek war eher skurril. Für 35 Dollar hatten beide zum Abschluss eines Meditationskurses ein Treffen mit dem Maharishi Mahesh Yogi gebucht (dem Begründer der Transzendentalen Meditation, der viele Popstars anzog und dem die Beatles sogar nach Indien folgten), eine Art Initiation. Der Pragmatiker Densmore rechnete nicht mit einem sofortigen Trip ins Nirvana, schon gar nicht für den lumpigen Preis – er fand es schon gut genug, dass er mal 20 Minuten abschalten konnte und den Straßenlärm nicht mehr hörte. Da fiel ihm ein Typ auf, der ständig »Keine Seligkeit! Keine Seligkeit!« rief, als hätte man ihn übers Ohr gehauen. Der Träumer Manzarek hatte wohl mehr erwartet. Obwohl Densmore das peinlich fand, ging er doch auf Manzareks Angebot ein, eine gemeinsame

Band zu gründen. Er wollte einfach so viel wie möglich spielen. Auch Krieger lernten sie im Meditationszentrum kennen. Nur Morrison hielt nicht so viel vom Stillsitzen. Er sah sich zwar einmal einen Auftritt des Maharishi an und war beeindruckt von dessen Präsenz, aber für ihn war Meditieren nichts. Den Song »Take It As It Comes« widmete er trotzdem dem Meditations-Meister. (Vegetarier waren ihm übrigens auch etwas suspekt.)

Im Spätsommer 1965 fanden also die vier Doors zusammen, und obwohl ihr Sänger kein Instrument spielen konnte, brachte er viele Melodien ein, und Krieger war nicht so eingeschüchtert von Morrisons kreativen Ausbrüchen, dass er nicht auch eigene Lyrik vorgeschlagen hätte – von ihm stammen unter anderem die Hits »Light My Fire« und »Love Me Two Times«. Densmore gab später zu, dass er Morrisons Texte oft nicht gleich kapiert habe, aber ihm gefiel, wie rhythmisch sie waren – als würde der Sänger das Schlagzeug immer schon mitdenken. Und Manzarek sah eine goldene Zukunft. Langsam entwickelte sich, was der Organist »die Gruppenseele« nannte: Sie verstanden einander, ohne viel reden zu müssen. Auf einen Bassisten verzichteten sie, sie fanden einfach keinen geeigneten – ein Umstand, den Densmore für erfolgsentscheidend hält: So klangen die Doors weniger traditionell, und nachdem Manzarek gelernt hatte, mit der linken Hand den Fender-Rhodes-Piano-Bass zu spielen und mit der rechten die Orgel, hatten sie alles, was sie brauchten.

Früh beschlossen sie, die Credits und Tantiemen auf alle vier gleichmäßig zu verteilen – damals keine übliche Vereinbarung, zumal doch die meisten Texte von Morrison stammten. Sie verabredeten auch, alle wichtigen Entscheidungen einstimmig zu treffen. Täglich übten sie – fehlenden Fleiß kann man ihnen nicht vorwerfen. Richtig geprobt wurde mindestens dreimal die Woche. Sie spielten sogar bei einer Party von Robbys Eltern. Der Ehrgeiz trieb – ziemlich unhippiesk – die Doors an, auch den Sänger. Was seine Arbeit betraf, kam doch immer wieder der Mittelklasse-Junge aus dem Süden hervor. Zumindest solange die erste Flasche noch nicht ganz geleert war. (Morrison hatte eine clevere Strategie für einen billigen Rausch entwickelt: Er bat Leute, irgendein Buch aus seinem sehr großen Bücherregal zu ziehen und ein paar Zeilen vorzulesen – er wisse immer sofort Autor und Titel. Sie wetteten um ein Bier – und laut Manzarek trank Morrison so zu 95 Prozent auf Kosten anderer – jedenfalls bis er berühmt wurde und jede Menge Schnorrer anzog.)

Im Januar 1966 hatten The Doors das erste längerfristige Engagement. Sie wurden die Hausband im »London Fog«, einem kleinen Club am Sunset Strip. Das berühmte »Whisky a Go Go«, Traumbühne jeder hoffnungsvollen Nachwuchsband, war nur ein paar Meter entfernt. Die Doors waren glücklich, doch am ersten Abend kam kein einziger Zuschauer. Sie spielten an sechs oder sieben Abenden pro Woche, fünf Stunden ab 21 Uhr, mit 15 Minuten Pause pro Stunde. Ein Knochenjob, für den jeder angeblich nur 5 Dollar pro Nacht bekam, am Wochenende 10. Natürlich hatten sie noch gar nicht genug eigene Songs, also bestand die Setlist aus vielen Rock'n'Roll- und Blues-Standards, von »Who Do You Love?« (Bo Diddley) bis »Little Red Rooster« (Willie Dixon). Sie eroberten sich eine kleine Fangemeinschaft, aber der große Ruhm war noch nicht in Sichtweite. Bis nach vier Monaten eine Talentsucherin ins »London Fog« kam und sie fürs »Whisky« engagierte. Endlich! »Nur« zwei Einsätze pro Nacht, dafür mehr als 100 Dollar pro Person. Ein Traum! Sie spielten dort von Mitte Mai bis Mitte August, auch wenn ihnen wegen des erratischen Verhaltens des Sängers alle paar Tage die Kündigung angedroht wurde. Mal fiel er volltrunken von der Bühne, mal waren alle so stoned, dass sie sich kaum bewegen konnten, manchmal führte aber auch genau die Unberechenbarkeit zu wild improvisierten Abenden, die alle Zuschauer verhexten.

Zur selben Zeit trat dort auch Van Morrison mit seiner Band Them auf, und obwohl sein irischer Namensvetter zwei Jahre jünger war, lernte Jim einiges von ihm: Wie man gleich per Körpersprache deutlich macht, dass man sich nichts gefallen lässt (und Nervensägen notfalls anblafft). Wie man das Improvisieren zum Teil der Show macht. Wo man sich bei Instrumentalpassagen am besten versteckt (zusammengekauert bei der Bassdrum). In der letzten Nacht, die Them dort spielten, jammten sie gemeinsam zu »Gloria«.

Die Auftritte zogen jetzt auch Abgesandte von Plattenfirmen an, die mal gucken wollten, ob diese neue Band wirklich so spektakulär war, wie alle behaupteten. Jac Holzman, Präsident von Elektra Records, sah das zunächst nicht so, kam dann aber ein zweites Mal vorbei – und nahm die Doors im Herbst 1966 unter Vertrag. Offensichtlich erwartete er sich nun doch sehr viel von der Band: Sieben Alben sollten sie abliefern – eine lange, damals allerdings nicht unübliche Laufzeit, über die sich vor allem Morrison später hin und wieder ärgerte, wenn die Label-Politik nicht seinen Vorstellungen entsprach. (Davor hatten sie kurzzeitig bei Columbia unterschrieben, die sie allerdings fallenließen, ohne ihnen überhaupt Probeaufnahmen zu gewähren.) Kurz vorher wurde die Band tatsächlich vom »Whisky« gefeuert, weil dem Manager die Endlosversion von »The End« samt Killer-Inzest-Teil nicht behagte. Aber da hatten schon Clubs in San Francisco und anderen US-Städten Angebote gemacht, also: halb so schlimm.

Die Aufnahmen für ihr erstes Album dauerten nur sechs Tage. Nicht bloß Toningenieur Bruce Botnick war beeindruckt von Morrisons Fähigkeit, zwischen Rock'n'Roll-Rohheit und Croonertum zu wechseln. Als der Sänger das Telefunken-Mikrophon sah, das Botnick bereitgestellt hatte, war er begeistert: »Das hat doch Frank Sinatra benutzt!«. Morrison liebte Sinatra und Elvis, doch in ihm brodelte noch etwas anderes. Zusammen mit den mannigfaltigen Einflüssen und Fähigkeiten der anderen Musiker ergab sich eine einzigartige Mischung. Im Januar 1967 erschien ihr Debüt, *The Doors*. Im Juli war »Light My Fire« die Nummer eins in den amerikanischen Charts. Die Medien stürzten sich auf die neue Band und besonders ihren Sänger – *Time* zitierte begeistert seinen Spruch »Ich bin an allem interessiert, was mit Rebellion, Unordnung und Chaos zu tun hat.« Der Autor der *Village Voice* sah in ihm eine Art neuen James Dean, »er könnte die Massen-Libido anregen, wie es sehr lange kein anderer getan hat«. Die Schriftstellerin Joan Didion besuchte die Doors im Studio und erkannte in ihnen »die Norman Mailers der Top 40«. Die Aufmerksamkeit genossen alle vier. Mit dem ersten Tantiemen-Scheck gingen sie sehr unterschiedlich um: Manzarek kaufte sich ein Haus mit Swimmingpool, Krieger einen Porsche, den er mit Orientteppichen auslegte. Densmore und Morrison lebten weiter wie bisher. Morrison besaß nicht einmal ein Portemonnaie – er bewahrte seine American-Express-Karte und den Führerschein in einer gefalteten Pappe auf.

Die Doors gaben fortan etliche Konzerte und traten in einigen TV-Sendungen auf, am aufsehenerregendsten in der *Ed Sullivan Show* im September: Die Band wurde gebeten, bei

»Light My Fire« doch bitte auf das Wort »higher« zu verzichten, das sei für das gesetzte Publikum zu anstößig. Es ist einer der besten Fernsehmomente dieser Zeit und noch heute toll anzusehen: Wie Morrison sich langsam in den Song hineinsteigert und dann überdeutlich singt, »Girl, we couldn't get much … HIGHER!« Der Moderator, der den Jungs vorher noch jovial geraten hatte, sie sollten »mal ein bisschen mehr lächeln«, und die Produzenten waren derart sauer, dass sie den Doors mitteilten, sie würden niemals wieder zu dieser Show eingeladen. Worauf Morrison schulterzuckend sagte: »Wir sind ja schon dort aufgetreten.«

Bei allem Chaos, das die Doors verbreiteten, war ihr Arbeitspensum doch enorm: In vier Jahren und drei Monaten veröffentlichten sie sechs Studioalben – heute fast undenkbar (und nicht nur, weil das Album an sich eine sterbende Kunstform ist). Schon im Oktober 1967 kam das zweite Album, *Strange Days*, heraus, gerade mal neun Monate später, im Juli 1968, veröffentlichten sie *Waiting for the Sun*. Die dritte Runde im Studio war schon etwas komplizierter gewesen, wegen Morrisons immer weiter steigendem Alkoholkonsum und anderer Querelen. Oder wie Produzent Paul Rothchild laut John Densmore mal sagte: »Man wusste nie, ob Jim als Gelehrter, Poet oder Kamikaze-Betrunkener auftauchen würde.« Rothchild war wenig begeistert von dem 17-minütigen »Celebration of the Lizard«, das dem Sänger sehr am Herzen lag. Es wurde dann fürs Album zusammengeschrumpft auf das knapp vierminütige »Not to Touch the Earth«, in dem Morrison die legendären Zeilen singt: »I am the lizard king / I can do anything.« *Waiting for the Sun* wurde das erste und einzige Nummer-eins-Album der Doors in den US-Charts, »Hello, I Love You« die zweite Nummer-eins-Single. Ray Davies, der

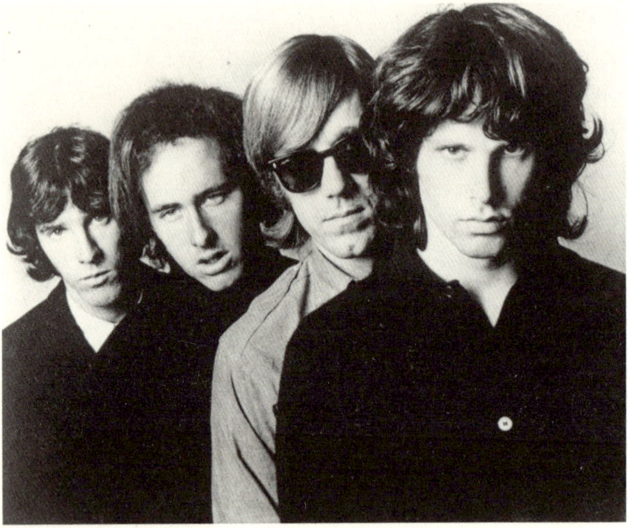

Die Doors auf einem Promo-Foto des Plattenlabels Elektra, 1967. V. l. n. r.: John Densmore, Robby Krieger, Ray Manzarek, Jim Morrison

Songwriter der Kinks, überlegte eine Weile, ob er auf Copyrightverletzung klagen sollte, weil der Song doch ein bisschen nach seinem »All Day and All of the Night« (1964) klang, entschied sich dann aber dagegen. Morrison selbst war auch nicht der größte Fan des allzu sonnigen Songs, bei Konzerten ließ er ihn häufiger von Manzarek singen.

Erst jetzt engagierten die Doors einen richtigen Manager – und entschieden sich für den gerade mal 20-jährigen Bill Siddons, der vorher eine Art Roadie gewesen war (und später eine wichtige Rolle in den Tagen nach Morrisons Tod einnahm).

Im September 1968 spielte die Band zum ersten Mal außerhalb der Vereinigten Staaten, die kleine Europatournee begann mit einer *Top of the Pops*-Stippvisite und vier Konzerten im »Roundhouse« in London, gefolgt von drei Auftritten in Frankfurt. Für eine ZDF-Sendung namens *4-3-2-1 Hot & Sweet* (der Vorgänger von Ilja Richters *Disco*) stellten sie sich tatsächlich auf den Römer und spielten »Hello I Love You« zum Vollplayback. Morrisons Blick schweifte zu den historischen Gebäuden, vielleicht blickte er aber auch durch sie hindurch. Ganz nüchtern war er wohl nicht mehr: Angeblich tranken die Doors vorher mehrere Flaschen »Goldener Oktober«, ein damals beliebter Wein aus Rheinhessen. Bei den beiden Konzerten in der Kongresshalle gingen dem Sänger dann flaggenschwenkende US-Soldaten auf die Nerven, doch zu größeren Konflikten kam es nicht.

Allerdings hätte die Tour am 15. September beinahe in Amsterdam geendet, als Morrison vor dem Publikum kollabierte – noch nicht mal beim Auftritt der Doors, sondern als er zu Jefferson Airplane auf die Bühne stolperte, zu tanzen begann und umfiel. Zuvor hatte er wohl eine bunte Mischung an Pillen und Hasch zu sich genommen. Er wurde backstage gebracht, atmete nicht und zeigte auch sonst keine Lebenszeichen. Erst im Krankenhaus kam er wieder zu sich. Es ist der wundersamen Regenerationsfähigkeit eines 25-Jährigen zu verdanken, dass die restlichen Konzerte nicht abgesagt werden mussten. Morrison erholte sich, Kopenhagen und Stockholm verliefen ohne größere Zwischenfälle. (Sogar das Amsterdamer Konzert fand statt: Manzarek sprang spontan als Sänger ein.)

Nach einigen US-Gigs gingen die Doors im November schon wieder ins Studio. Wann sie die Zeit und Muße hatten, Songs zu schreiben, bleibt schleierhaft. Gut, dass Jim noch so viele Textfragmente aus seiner Jugendzeit im Kopf hatte. Im Juli 1969 erschien das vierte Album, *The Soft Parade*. Zum ersten Mal gaben die Doors an, wer genau welchen Song geschrieben hatte – keine geteilten Credits mehr. Angeblich wollte Morrison nicht, dass irgendjemand denkt, Kriegers arg naiver Text zu »Tell All the People« könnte von ihm sein. Zum ersten Mal zog sich auch der Studioaufenthalt in die Länge, weil Morrison immer unzuverlässiger wurde und oft unpässlich war. Zudem saß den Doors der Prozess gegen ihren Sänger im Nacken. Er musste sich nach einem Konzert in Miami im März vor Gericht wegen unzüchtigen Benehmens verantworten. Nicht die erste Anzeige dieser Art, aber dazu später mehr.

Und schon war der nächste November, und wieder saßen die Doors im Aufnahmeraum und sorgten sich um Morrison, der sich während eines Flugs danebenbenommen hatte und einer drohenden Anklage entgegensah, die ihm mehrere Jahre Gefängnis einbringen hätte können. (Sie wurde schließlich fallengelassen.) Vor allem Densmore schwante immer mehr, dass die fragile Bandstruktur nicht mehr lange halten würde. Später bedauerte er oft, dass er Morrisons Texte nicht genau genug angehört habe, um dessen Schmerz zu verstehen. Aber er fühlte, dass etwas Finsteres drohte, während Manzarek vor lauter Liebe zu Morrison dessen Schattenseite verdrängte und Krieger sich lieber zurückzog, als den Tatsachen ins Auge zu blicken. So machten sie weiter, immer weiter.

Morrison Hotel kam im Februar 1970 raus, schaffte immerhin Platz 4 in den US-Charts und bekam fast durchgehend gute Kritiken, außer vom US-*Rolling Stone*. Vier Monate später ließen sie sich zu einem Live-Album überreden, *Absolutely Live*, ein halbgarer Zusammenschnitt diverser Konzerte, aber immerhin endlich mit der kompletten »Celebration of the Lizard«. Sie spielten Dutzende von Gigs, äußerlich konnte von Auflösungserscheinungen keine Rede sein. Aber zumindest John Densmore dachte immer häufiger darüber nach, wie schön es wäre, mal ohne den instabilen Sänger aufzunehmen.

Während Morrison in Miami vor Gericht stand, schafften es die Doors im August 1970 zwischendurch dennoch zum Isle-Of-Wight-Festival, das mit mehr als 600.000 Zuschauern als das »europäische Woodstock« in die Geschichtsbücher eingehen sollte, für die Band allerdings kein Highlight war: Das Wetter war mies, Licht und Sound ließen zu wünschen übrig, die Stimmung war gedrückt. Morrison bewegte sich kaum, sang jedoch mehr als passabel. Es folgten Konzerte in Dallas – und das letzte, das sie je mit Jim Morrison spielten, am 12. Dezember in New Orleans. Er erzählte auf der Bühne schlechte Witze und quälte sich lustlos durch die Songs. Der Funken war verglüht. Dabei war der Sänger ausnahmsweise nicht mal betrunken. Manzarek behauptete später, er habe förmlich sehen können, wie Morrisons Energie durch seinen Kopf entwich. Densmore schreibt in seiner Autobiographie *Mein Leben mit Jim Morrison und den Doors*: »Ich sah einen traurigen, alten Blues-Sänger, der einst großartig war und es jetzt nicht mehr brachte.« Danach beschlossen die Doors, dass ihre Live-Karriere beendet sei. Die Beatles hatten längst vorgemacht, dass es auch ohne Konzerte geht, und Morrisons Ausfälle waren den anderen einfach zu anstrengend geworden. Ins Studio gingen sie trotz der Animositäten untereinander allerdings noch einmal – und produzierten sogar zum ersten Mal selbst ein Album, mit Hilfe des immer präsenten Bruce Botnick – nachdem sie sich mit Paul Rothchild zerstritten hatten, der unzufrieden war und vor allem »Love Her Madly« für »Cocktail-Lounge-Musik« hielt. *L. A. Woman*, im April 1971 veröffentlicht, wurde zum Abschiedswerk. Im März 1971 ging Jim Morrison für eine Band-Auszeit nach Paris. Er kam nicht zurück.

Die verbliebenen Doors veröffentlichten ohne Jim Morrison noch zwei weitere Alben, *Other Voices* 1971 und *Full Circle* 1972, aber merkten dann selbst, dass das nichts brachte.

Fragen, die ich noch an Jim Morrison habe, Teil 2

»I will not go / Prefer a feast of friends / To the giant family.« Welches Fest hast Du damit wohl gemeint, Jim? Die Freude beim Musikmachen? Und wer war wirklich Dein Freund, wer nicht? Gegangen bist Du dann ja doch – also wie ist es jetzt bei der großen Familie? Hast Du schließlich gefunden, was Du gesucht hast?

Während es von Jim Morrison nur wenige Interview-Ausschnitte gibt, in denen er zudem oft unzusammenhängend spricht oder so nuschelt, als wollte er gar nicht verstanden werden, haben die anderen drei Doors in den vergangenen Jahrzehnten sehr viel geredet und geschrieben. Also sehen wir ihn natürlich auch durch ihre Augen. Und das sind erwartungsvolle und enttäuschte, begeisterte und verzweifelte, liebevolle und verständnislose Augen, je nachdem worum es gerade geht. Immer aber sind es die Einschätzungen, die Perspektiven anderer. Das, was bei Jean-Paul Sartre »Der Blick« ist: Sobald man angesehen wird, ist man nicht mehr »für sich« oder »an sich«, sondern »für andere«. Man erfährt sich als Objekt und kann nie mehr aus dieser Vorstellung heraus. Vielleicht hat Morrison auch das verrückt gemacht: dass er so viel angeschaut wurde, bis er gar nicht mehr wusste, wer er eigentlich war.

Das wüsste ich noch gern: In welchen Momenten warst Du am meisten Du selbst? Warst Du einer oder mindestens zwei? Was hast Du gedacht, wenn Du Dich im Spiegel betrachtet hast? Hast Du Deine Wangenknochen berührt? Hast Du Scham gefühlt oder Stolz? Macht oder Ohnmacht? Wie wichtig war Dir Deine Wirkung? Sind alle Künstler Narzissten oder, wie Bono sagt, Kannibalen, die ihre Inspiration töten und dann über die Trauer singen? Hast Du absichtlich alles kaputt gemacht, alles hinter Dir gelassen? Wo kam die Zerstörungswut her? Welche Träume hattest Du noch? Bereust Du irgendwas?

Morrisons Los Angeles

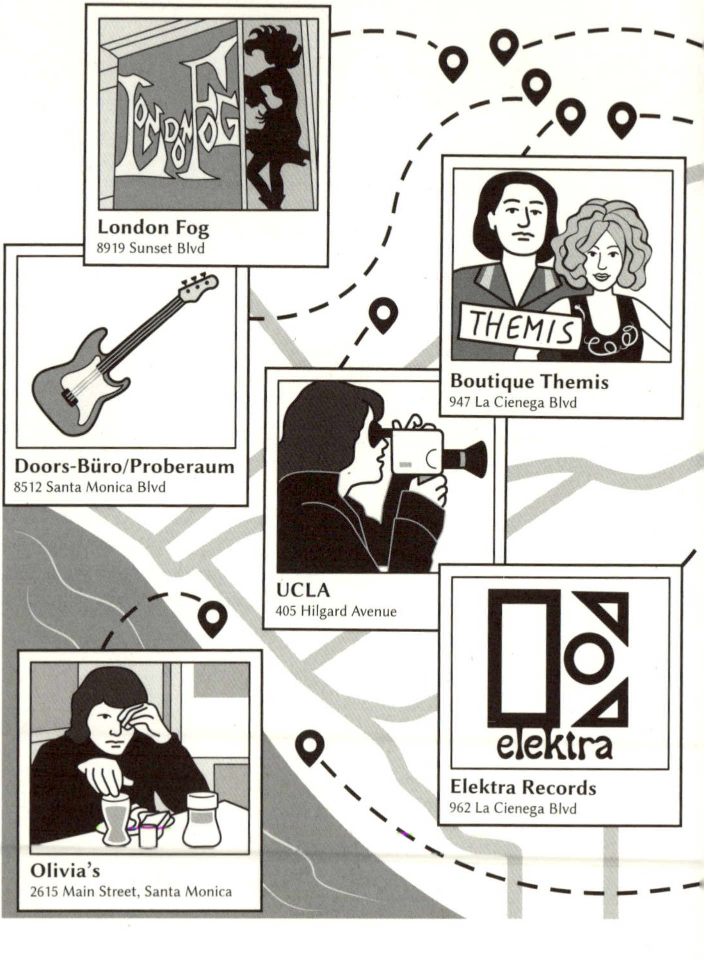

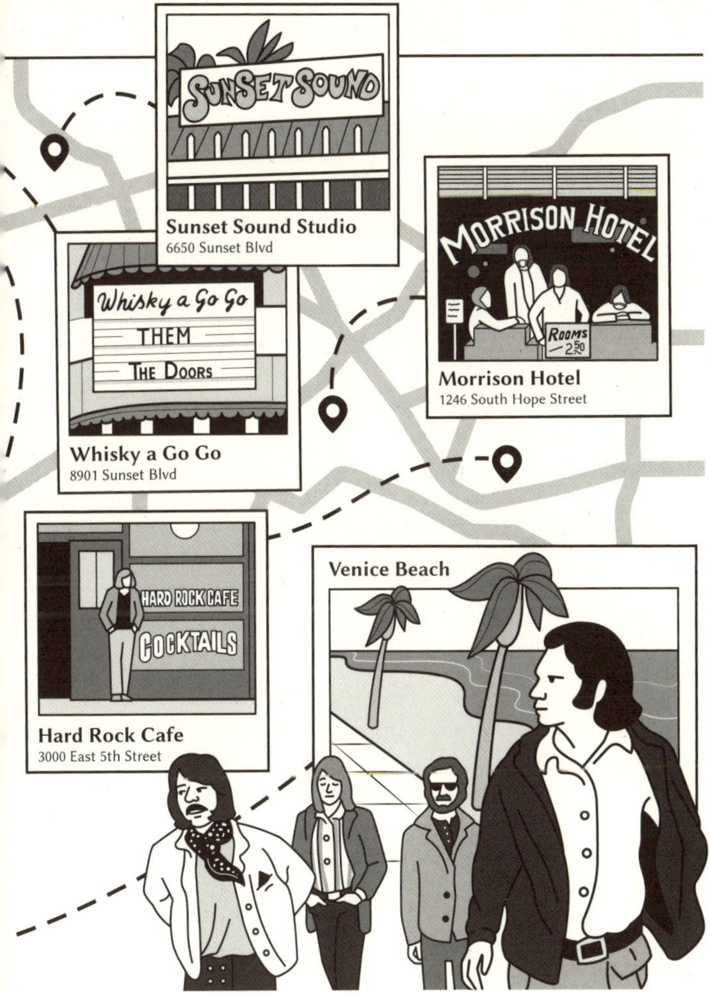
SUNSET SOUND
Sunset Sound Studio
6650 Sunset Blvd
MORRISON HOTEL
ROOMS 2.50
Morrison Hotel
1246 South Hope Street
Whisky a Go Go
THEM
THE DOORS
Whisky a Go Go
8901 Sunset Blvd
HARD ROCK CAFE
COCKTAILS
Hard Rock Cafe
3000 East 5th Street
Venice Beach

»Break on Through (to the Other Side)«: Sieben Alben und mehrere Filme

The Doors (Januar 1967)

Der treibende Jazz-Beat, die unterschwellige Spannung – und dann die ersten Worte: »You know the day destroys the night / Night divides the day / Tried to run, tried to hide // Break on through to the other side«. Besser kann ein Debüt nicht beginnen. Nach zweieinhalb Minuten ist man schon völlig fertig, und in der folgenden Dreiviertelstunde machen die Doors einfach alles richtig. Auch nach mehr als 50 Jahren hat dieses Album nichts, aber auch gar nichts von seiner Kraft eingebüßt. Die Doors hatten Massen an Songmaterial, aus dem sie auswählen konnten (der Vorteil bei jedem ersten Album!), sie hatten Ehrgeiz und Energie und konnten beides perfekt kanalisieren.

Ein heimeliges Billigrestaurant um die Ecke, »Olivia's«, inspirierte Morrison zu »Soul Kitchen«, doch wenn er nun davon singt, die ganze Nacht bleiben zu wollen, dann ist das eine andere Sehnsucht als die nach einem Eintopf. Gerade dass seine Stimme manchmal so unkontrollierbar klingt, die Schreie aus

Killer-Song: »The End«
Killer-Zeilen: »Try now, we can only lose / And our love become a funeral pyre« (»Light My Fire«)
Killer-Fun-Fact: Die Autofirma Buick wollte »Light My Fire« für eine Werbekampagne. Drei Doors hatten dem lukrativen Deal (angeblich 75.000 Dollar) schon zugestimmt, als der Sänger davon erfuhr und mit seinem Ausstieg drohte. Der »Pakt mit dem Teufel«, wie Morrison ihn nannte, wurde abgesagt. Zumindest Densmore schämte sich noch lange.

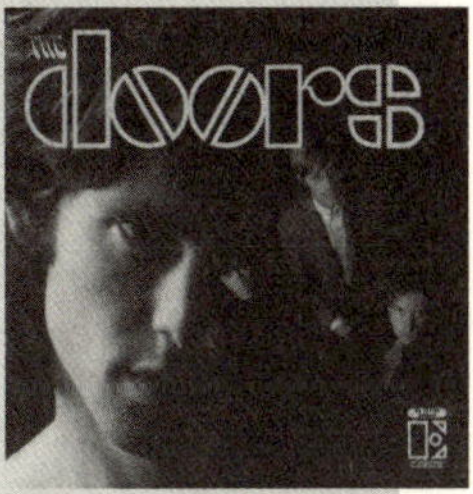

einem tiefen Nichts zu kommen scheinen, macht den Reiz aus – während die anderen alles fest im Griff haben: Ray Manzareks Orgel ist allgegenwärtig, aber John Densmores lässiger Groove und Robby Kriegers feine Zurückhaltung sind ebenso entscheidend für den vielschichtigen Sound, der all die Metaphern und Archetypen, Symbolbilder und Visionen kongenial begleitet. So macht sich Morrison den schunkelnden »Alabama Song« von Bertolt Brecht und Kurt Weill ganz zu eigen, ebenso Willie Dixons »Back Door Man« – all die dunkle Sinnlichkeit gipfelt in dem Vers: »The men don't know / But the little girls understand.«

»I Looked at You«, »End of the Night«, »Take It As It Comes« – es gibt hier keine Füller, aber zwei Stücke ragen natürlich heraus: »Light My Fire« ist vom ersten Orgel-Ton an eine Sensation, die Melodie unwiderstehlich wie die Aufforderung, jede Zurückhaltung aufzugeben: »The time to hesitate is through ...« Und dann kommt zum Schluss noch »The End«, dieses fast zwölfminütige Stück über den ewigen Abgrund, mit der berühmten Ödipus-Passage, in der Morrison erst spricht, dann brüllt: »›Father?‹ / ›Yes, son?‹ / ›I want to kill you! / Mother, I want to …« Das »fuck you« hat Rothchild vorsichtshalber im Mix untergehen lassen, doch es hilft nichts: »The End« ist das brutalste, schwärzeste Stück Rockmusik, das man sich 1967 vorstellen konnte. Bis heute hat sich das nicht geändert. »No safety or surprise / The end / I'll never look into your eyes again«.

Strange Days (September 1967)

Keine acht Monate nach dem Debüt erschien schon das zweite Album. Zum Glück hatten die Doors aus den vergangenen Jahren genügend Material übrig, aus dem sie schöpfen konnten. Ein bisschen Verunsicherung gab es allerdings, denn im Mai hatten die Beatles ihr Meisterwerk *Sgt. Pepper's Lonely Hearts Club Band* veröffentlicht. Die Doors fühlten sich unter Druck, gleichzeitig war ihnen der Mut der Kollegen auch Inspiration: Mehr experimentieren war jetzt angesagt, aber im Grunde schwankten die Doors weiter zwischen mäanderndem Blues-Rock und psychedelischem Pop, mit ein bisschen Theater und viel Ausdruckskraft, im Kleinen wie im Großen.

Der Titelsong eröffnet mit der schon zum Markenzeichen gewordenen Orgel eine geheimnisvolle Welt, in der es keine Sicherheiten mehr gibt – wie auch das zweite Stück insinuiert, »You're Lost Little Girl«, erstaunlicherweise von Robby Krieger geschrieben, aber von Morrison mit so viel Hintersinn gesungen, dass es einem fast Angst macht. Von Krieger stammt auch das leichtere »Love Me Two Times«, dann gehören die

Killer-Song: »People Are Strange«
Killer-Zeilen: »Let's swim to the moon, uh huh / Let's climb through the tide / Penetrate the evening that the city sleeps to hide« (»Moonlight Drive«)
Killer-Fun-Fact: Es gibt ein William-Blake-Gedicht namens »The Little Girl Lost« (1794) – Krieger schien also Morrisons Literatur-Vorlieben gefolgt zu sein.

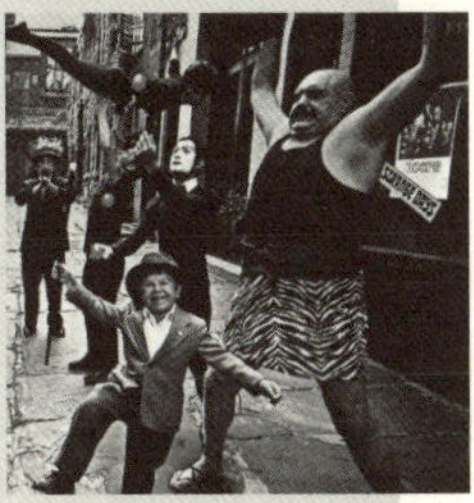

größten Momente wieder dem Sänger: Endlich nahmen die Doors »Moonlight Drive« auf, den Song, der Manzarek sofort verzaubert hatte – und es gelang ihnen eine herrliche Version, verlockend, fordernd, ein bisschen gespenstisch. Das ist ja das Geheimnis dieser Band: Stets schwingt bei ihnen etwas Unheilvolles mit – manchmal offensichtlich, manchmal unter den schönsten Melodien vergraben, doch es ist immer da. Ob es eine Todesahnung war oder ein allgemeines Unwohlsein an der Welt? Das Bedrohliche, Beunruhigende lässt einen jedenfalls nicht mehr los, wenn man es einmal entdeckt hat. Dann fühlt man auf ewig mit dem Mann, der sich auch in Gesellschaft einsam fühlt: »People are strange / When you're a stranger / Faces look ugly / When you're alone«. Kein »Summer Of Love« hier, weit und breit (außer dass ziemlich viele »girls« in den Songtexten vorkommen). Die Doors waren der Stachel im Herzen der Hippies und doch ein Teil der Bewegung: Morrison passte nicht in diese Welt, also erschuf er sich eine andere.

Der theatralische Moment des über *weirden* Klängen deklamierten »Horse Latitudes« findet seine Fortsetzung im fast endlos erscheinenden Schlussstück »When The Music's Over«, das elf Minuten lang die Kraft der Musik feiert, so poetisch in 27 Richtungen auf einmal strebt – und dann doch in einem einzigen Satz das Ziel zusammenfasst: »We want the world / And we want it – / Now!«

Waiting for the Sun (Juli 1968)

Das einzige US-Nummer-eins-Album (eigentlich der größte Doors-Skandal!) ist das mit der meisten Liebe: Mit »Hello, I Love You« und »Love Street« geht es sonniger los als gewohnt – was umso erstaunlicher ist, als sich die Aufnahmen äußerst kompliziert gestaltet hatten. Morrisons Alkoholkonsum war inzwischen komplett außer Kontrolle geraten, die Band genervt. Beim dritten Song »Not to Touch the Earth« ist der Frieden freilich auch schon vorbei. Eigentlich sollte Morrisons großangelegte »Celebration of the Lizard« die zweite Seite von *Waiting for the Sun* werden, davon blieb dann allerdings nur dieser kleine vierminütige Teil übrig, ein Aufruf zur Flucht vor der Oberflächlichkeit, zur Verbindung mit Sonne und Mond.

Mit »Summer's Almost Gone« zieht eine seltsame Melancholie ein, zwischen Liebeswirren und Naturmystik, mit eher gewöhnlichen Songs, von »The Unknown Soldier« abgesehen, in dem Morrison zwischen gruseliger Marschmusik, Trommelwirbeln und Schüssen schon das Ende des (Vietnam-) Krieges antizipiert – und natürlich wieder mal den Tod. Danach bezaubert »Spanish Caravan« mit Flamenco-Gitarre und Vibraphon. Nein, auch »Waiting for the Sun« ist kein durchschnittliches Album, aber es hat anders als die ersten beiden ein paar kleine Hänger (das stumpfe »My Wild Love«), und

Killer-Song: »Hello, I Love You«
Killer-Zeilen: »I am the lizard king / I can do anything ...« (»Not to Touch the Earth«)
Killer-Fun-Fact: Bis heute weiß niemand, welche Relation mit »Five to One« wirklich gemeint war. Jung zu alt? Passt demographisch einfach nicht. Weiß zu schwarz? Nüchterne zu Kiffern? Möglicherweise bezog es sich auch auf die Konstellation im Studio, die Jim zu schaffen machte: Paul Rothchild, Bruce Botnick, Ray, Robby und John gegen ihn. Die Zeile »No one here gets out alive« wurde später jedenfalls zum Titel der Bestseller-Biografie von Jerry Hopkins und Danny Sugerman.

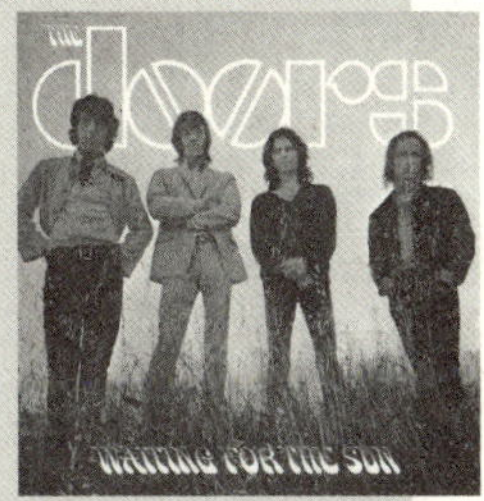

Blues-Standards wie »We Could Be So Good Together« hört man an, dass zu wenig Zeit zum Songschreiben und Ideen-Ausarbeiten war, auch wenn die Band sich glücklicherweise immer darauf verlassen konnte, dass sie mit ihren musikalischen Fähigkeiten ein gewisses Niveau niemals unterschreiten würde – und der Sänger mit seiner Poesie und der immer noch so aufregenden Stimme alles noch erhöhen würde. Allein das sehnsüchtige Schwelgen in »Yes, the River Knows«!

Und am Ende dann noch ein Fanal: »Five to One« fußt auf einem so einfachen wie effektiven Beat, der John Densmore fast peinlich war, und formt aus der ständigen Repetition eine Hymne auf die Rebellion: »The old get old and the young get stronger ... / Gonna win – yeah, we're taking over«.

The Soft Parade (Juli 1969)

Auch hier war erst mal der Wurm drin. Die Stimmung nach dem Miami-Skandal (s. S. 81–84) schlecht, Morrison von Gerichtsverfahren abgelenkt. Und er mochte Kriegers Song »Tell All the People« (und wohl auch dessen »Touch Me«, obwohl er das fantastisch singt) überhaupt nicht, weshalb erstmals in der Bandgeschichte die Song-Credits einzeln aufgelistet wurden. Kein schlichtes »by The Doors« mehr. Warum sich Morrison nicht einfach weigerte, die Stücke zu singen, bleibt ein Rätsel – vielleicht weil er nicht genug Ersatz hatte. Im Alkoholrausch und bei allem begleitenden Ärger war ihm die Kreativität etwas abhandengekommen. Auch dass die Doors nun Bläser und Streicher integrierten, tat dem Album nicht gut – gerade die Konzentration auf die vier Kernelemente war ja immer essenziell für den klaren Band-Klang gewesen, und nun ertönten schon in den ersten Minuten Fanfaren, die hier kein Mensch braucht.

Gegen Kriegers leicht klischeehafte Hippie-Hymnen setzt Morrison den »Shaman's Blues«, der die Leiden des Lebens durchdekliniert und am Ende die einzige Lösung im Tod sieht, »isn't it amazing?« Manchmal, bei »Wild Child« zum Beispiel, blitzt ein magischer Moment auf – und verschwindet dann wieder im allzu fetten Sound. Die schunkelnden Country-Anleihen bei »Easy Ride«, die halbgare Otis-Redding-Hommage »Running Blue«, das überbordende »Wishful Sinful«: Die Doors wirkten, als hätten sie die Orientierung verloren, schließen das durchwachsene Werk aber immerhin noch auf die denkbar schönste Weise ab: Der fast neunminütige Titelsong ist etliches auf einmal – eine Erinnerung, ein Versteckspiel, eine Grabrede, eine Verabredung zum Treffen an der

Killer-Song: »Wild Child«
Killer-Zeilen: »You cannot petition the Lord with prayer!« (»The Soft Parade«)
Killer-Fun-Fact: Nebenbei nahmen die Doors im Februar 1969 auch den 64(!)-minütigen Song »Rock Is Dead« auf, der allerdings erst auf einer Edition zum 50. Jubiläum von »The Soft Parade« komplett veröffentlicht wurde. Laut Morrison enthält er »die ganze Geschichte der Rockmusik – Blues, Rock'n'Roll, Latin-Jazz, Surf-Music«.

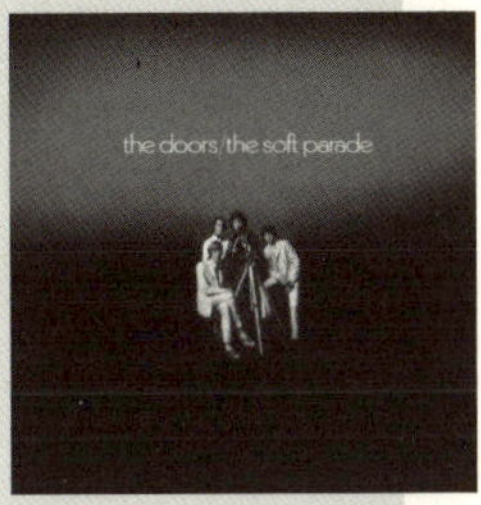

Kreuzung. Ob die »Soft Parade« ein Leichenzug ist? »You'd better come alone / You'd better bring your gun / We're gonna have some fun«.

Morrison Hotel (Februar 1970)

Morrison Hotel spaltete das Publikum: Die einen waren froh, dass sich die Doors nach den etwas pompösen Sound-Experimenten wieder dem klassischeren Bluesrock zuwandten. Lester Bangs schrieb damals im amerikanischen *Rolling Stone*, man könne die »mechanischen, stereotypen Rock-Arrangements« niemandem wirklich empfehlen. Dabei schufen die Doors unter den gegebenen Umständen (der andauernde Miami-Prozess, der schlechte Zustand des Sängers, die Streitereien) ein weit mehr als passables Album. Für »Roadhouse Blues« münzt Morrison eine klassische Blues-Formel auf seine aktuelle Lage um: »I woke up this morning and I got myself a beer.« Nicht

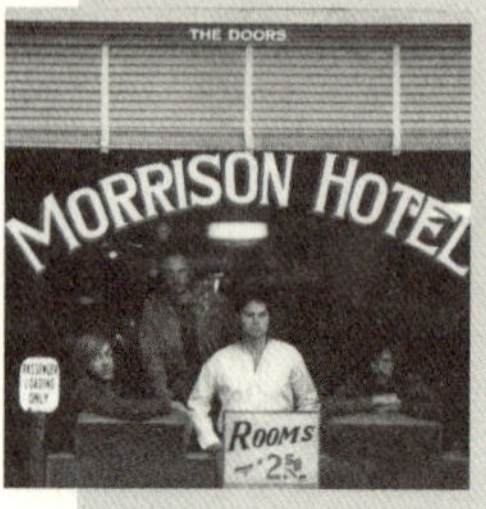

Killer-Song: »Roadhouse Blues«
Killer-Zeilen: »I know the words you long to hear / I know your deepest, secret fear« (»The Spy«)
Killer-Fun-Fact: Die LP-Seiten haben Namen: »Hard Rock Cafe« und »Morrison Hotel«. Weil sie sich keine Genehmigung besorgt hatten, schoss Henry Diltz das Cover-Foto, als gerade kein Angestellter da war. Das »Hard Rock Cafe« auf der Rückseite inspirierte die weltweite Restaurantkette, die 1971 gegründet wurde, zu ihrem Namen.

mehr so lustig ist dann die Vorahnung »The future's uncertain, and the end is always near.« Der Sänger hat vielleicht noch die Augen auf der Straße, die Hände am Steuer zittern aber schon. So wird die Reise in ein dunkles Land eröffnet, in dem sich Indianer und Narren, Seemänner und die »Queen of the Highway«, Rock'n'Roll-Star und alter Bluesmann treffen – Archetypen, die er mit einer schon etwas zerschossenen, aber immer noch mächtigen Stimme zum Leben erweckt.

Alles schwankt, dräut und grollt, und eine so sinnliche Drohung, wie Morrison sie zwischendurch in »The Spy« ausspricht, hat man vielleicht nie wieder gehört: »I know your deepest, secret fear.« Der Mann als Voyeur; die Angst, die Lügen und die Wahrheit dahinter: Hier kommen gleich einige seiner liebsten Topoi aufs Schönste zusammen. Auch auf »Waiting for the Sun«, das – wie der Titel verrät – eigentlich schon auf dem vorigen Album sein sollte, spielt die Band noch einmal als unglaublich kompakte Einheit, Kriegers Slide-Gitarre greift so ans Herz wie Morrisons Gesang. Zwischen diesem und poetischen Meisterstücken wie »Peace Frog« (bei dem wieder die verletzten Indianer auftauchen) kann man bei Durchschnittsrock (»You Make Me Real« oder »Land Ho!«) und sanften Liebesliedern wie »Blue Sunday« durchatmen. Nur: Wer wollte das bei den Doors jemals? Am größten waren sie doch immer, wenn es richtig weh tat, oder so gut, dass man in der Freude schon den Schmerz spürte. Abschließend behauptet Morrison so inbrünstig, dass man ihm sofort glaubt: »I've been singing the blues ever since the world began.«

Absolutely Live (Juli 1970)

Neben ihren sechs Studioalben haben die Doors zu Morrisons Lebzeiten nur ein Live-Album veröffentlicht, und das war eine eher umstrittene Sache, zusammengeschustert aus Aufnahmen von verschiedenen Abenden zwischen August 1969 und Juni 1970. Man konnte das Drama, die brutale Wucht der Konzerte wohl kaum konservieren. Es gibt ein paar gute Live-Videos (»Live At The Bowl 1968«, »Soundstage Performances«, »Live At The Isle Of Wight 1970«), und doch denkt man selbst in den magischsten Momenten: Wie muss das erst vor Ort gewesen sein!

Die physische Präsenz des Sängers ist auf einem Album natürlich noch weniger greifbar als auf einer Videoaufnahme, und so ist *Absolutely Live* keine reine Freude, aber allein wegen eines Stücks doch die Anschaffung wert: Hier gab es zum ersten Mal die komplette »Celebration of the Lizard« zu hören, fast eine Art Theaterstück, das aus sieben Teilen besteht: Morrison führt uns in eine andere Welt, einen Traum oder eine Vi-

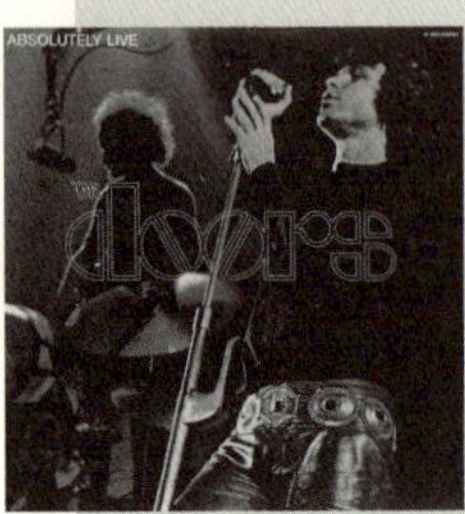

Killer-Song(s): »Celebration of the Lizard«
Killer-Zeilen: »Is everybody in? Is everybody in? / The ceremony is about to begin / Wake up!« (»Celebration of the Lizard«)
Killer-Fun-Fact: Auf dem Cover sollte eigentlich die verschwommene Band zu sehen sein, doch das Label entschied sich für ein früheres Bild Morrisons, das nicht mehr dem Mann entsprach, der er 1970 war. Zur Strafe weigerte er sich beim Fotoshooting für *L. A. Woman*, den Bart abzunehmen – und machte sich auch noch kleiner als die anderen.

sion, wer weiß das schon. Aufwachen, verrückt werden, in den dunkelsten Abgrund blicken, Schlangen und Eidechsen: Vor lauter Grenzgängen und Symbolen wird einem leicht schwindelig. Die Fantasiereise endet im »Palace Of Exile« und mit den Worten »I want to be ready«. Danach kommt nur noch »Soul Kitchen«, das weniger Trost als eine weitere Erforschung des Unergründlichen ist. Was bleibt, wenn die Welt um einen herum längst versunken ist? »I light another cigarette / Learn to forget, learn to forget«.

L. A. Woman (April 1971)

Die Doors waren wieder, wo sie begonnen hatten: in ihrem Proberaum/Büro. Ihr Produzent Paul Rothchild hatte nach drei Tagen das Handtuch geworfen, unzufrieden mit den Demos.

Also nahmen die Doors *L. A. Woman* selbst auf, mit Toningenieur Bruce Botnick. Der schlug vor, doch gleich in dem Raum zu bleiben, in dem sich die Band am wohlsten fühlte – auch wenn das bedeutete, dass Morrison manchmal das Badezimmer als Vocal-Booth nutzen musste, weil sonst kein Platz war. Und tatsächlich hatten sie wieder mehr Spaß, obwohl Morrison in schlechter Verfassung war. Man hört, dass er mit letzter Kraft alles rausholte. Umso tragischer ist das, weil *L. A. Woman* klingt, als hätte es der Anfang eines zweiten Karriereabschnitts werden können: Die Doors hatten ihre ganz eigene Art gefunden, den Blues zu spielen – dank ihrem ungewöhnlichen Groove und Morrisons Lyrik wirkte nichts daran verstaubt. Im Gegenteil, die vier pusteten viel Leben in diese zehn Stücke.

Von Anfang bis Ende durchzieht *L. A. Woman* gleichzeitig – und diese Widersprüchlichkeit muss man bei den Doors immer aushalten – eine Todesahnung, ob in »The Changeling«, wenn Morrison als Gestaltwandler erzählt, dass er den Mitternachtszug aus der Stadt nehmen wird, oder im gespenstischen »Riders on the Storm«. Zwischendrin sorgt Robby Kriegers munteres »Love Her Madly« für einen leichten Moment, die unwiderstehliche Melodie wurde zum Hit, und die Zeile »Don't you love her as she's walking out the door?« ist ja auch zu entzückend. Danach kontert Morrison mit »Been Down So Long«, das ergänzt wird durch »… that it looks like up to me«. Das sagt eigentlich schon alles. Der schleppende Blues ist ein einziger Schrei nach Befreiung, nach Erlösung: »I said, warden, warden, warden / Won't you break your lock and key?«

Das unheimliche »Hyacinth House«, John Lee Hookers »Crawling King Snake«: Den Doors gelang hier alles so auf den Punkt, so spannungsgeladen, dass die zwei größten Stücke

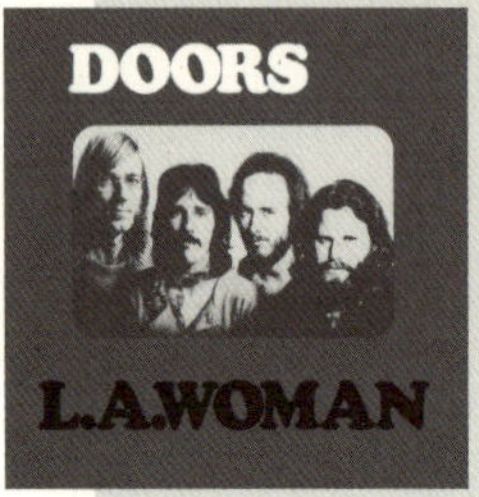

Killer-Song: »Riders on the Storm«
Killer-Zeilen: »No eternal reward will forgive us now / For wasting the dawn« (»The Wasp (Texas Radio & The Big Beat)«)
Killer-Fun-Fact: Kurz vor den Aufnahmen zu *L. A. Woman* ärgerten sich die Doors noch mal über ihre Plattenfirma – sie hatte die Hits-Compilation *13* veröffentlicht, ohne die Band zu fragen, und auch hier wieder mit einem jüngeren Morrison auf dem Cover. Der Sänger wollte am liebsten sofort kündigen, man schuldete Elektra aber noch dieses eine Album.

sich gut einbetten: »L. A. Woman« ist der definitive Song über das Leben in Kalifornien, die Versuchungen und Fallstricke, den Glitzer und die Gosse. Die Frage »Are you a lucky little lady in the City of Light / Or just another lost angel – / City of Night« führt in die Go-Go-Bars und Spelunken am Sunset Strip, zu »Motel money murder madness« – und zu »Mr. Mojo Risin'«, ein Anagramm auf »Jim Morrison«, das später zum Hoffnungsschimmer wurde: Deutete der Sänger hier an, dass er eine andere Identität annehmen und so nach einem gespielten Tod anonym weiterleben könnte?

Auf jeden Fall hatte Morrison schon die Flucht nach Paris im Kopf, als *L. A. Woman* aufgenommen wurde – die Hymne ist also auch ein Abschiedslied. Und dann der allerletzte Song: »Riders on the Storm«, das sich mit einer beklemmenden Wucht bis zur Unwirklichkeit steigert – wie ein Thriller. Die Ausgangssituation: »Into this house we're born / Into this world we're thrown / Like a dog without a bone / An actor out on loan«. Ein Killer kommt ins Spiel, eine Familie gerät in Gefahr, und am Ende hängt alles doch wieder nur an der Liebe, an einem Mädchen – Morrison legt ihr seine Unsterblichkeit zu Füßen: »The world on you depends / Our life will never end«.

»Is everybody in?«: Die Doors im Kino

Mehr als 80 Millionen Tonträger haben die Doors bisher weltweit verkauft, und vor allem die *Best-Of*-Alben sind weiterhin sehr beliebt – der Strom an Teenagern, die sich mit Morrisons Überdruss an den bestehenden Verhältnissen identifizieren können (viel Transferleistung braucht es dafür auch mehrere Jahrzehnte später nicht), reißt ebenso wenig ab wie der all jener, die losgelöst von der umstrittenen Figur einfach die Musik genießen wollen. Doch nach Morrisons Tod lebte die Musik der Doors nicht nur auf Plattenspielern und im Radio weiter, sondern auch im Kino – eine kleine Ironie des Schicksals, war Morrison zu Lebzeiten mit der Filmerei doch wenig erfolgreich. Nach seinem unrühmlichen Abgang von der UCLA gab er die Hoffnung, auch im Filmbereich zu reüssieren nie ganz auf, aber nichts gelang so recht. 1968 gaben die Doors einen Dokumentarfilm in Auftrag: Morrisons UCLA-Kollege Paul Ferrara begleitete sie auf Tournee und im Alltag, soweit es den bei dieser Band gab. Immerhin hört man Morrison mal ein paar Sätze sprechen (bzw. oft murmeln oder flüstern), und als *Feast Of Friends* 2014 endlich auf DVD erschien (1968 gab es nur einige Vorführungen bei Filmfestivals, aber keine richtige Veröffentlichung), war zumindest Densmore hocherfreut: »Man sieht, wie freundlich alles war, und dass es kein Ego gab. Nur vier gleichberechtigte Typen.« Das stimmt, aber dass Dokumentarfilme nicht immer die ganze Wahrheit erzählen, wissen wir auch. Und die wahllos zusammengeschnittenen Schnipsel, darunter viele Konzertaufnahmen, ergeben einfach kein befriedigendes Gesamtbild.

Danach war Morrison vor allem das Projekt HWY: *An American Pastoral* wichtig – ein 50-minütiger Kurzfilm auf 35 mm, der zeigen sollte, was es bedeutet, im Jahr 1969 in Amerika, in L. A. zu leben – für Jim ein »persönlicher Mythos«. Er ist darin als Tramper zu sehen; gedreht wurde in der Stadt selbst und in der Mojave-Wüste. Es ist wieder von den Indianern die Rede, denen er als Kind begegnete, zudem tauchen Michael McClure und das »Whisky a Go Go« auf, aber ein Spannungsbogen oder gar eine stringente Geschichte sind nicht erkennbar. Etwas wirklich Verrücktes oder Transzendentales leider auch nicht – soweit man das beurteilen kann. In der Dokumentation *When You're Strange* (2009) gibt es Teile davon zu sehen, offiziell veröffentlicht wurde HWY nie. Später behauptete Morrison, es sei nur »eine Übung, ein Aufwärmen für etwas Größeres« gewesen – das nie folgen sollte.

1970 gab es stattdessen eine weitere Schmach im Filmgeschäft: Morrison bot dem italienischen Regisseur Michelangelo Antonioni für *Zabriskie Point* den Song »L'America« an, den er eigens dafür geschrieben hatte. Es schien eine perfekte Kombination zu sein: Die Band, die ständig die Grenzen der Gesellschaft austestete, in einem psychedelischen Film, der die Hippie-Ideale feiert und sie am Ende explodieren lässt, gescheitert an der spießigen Realität. Doch Antonioni mochte das Lied nicht. Die enorme Wucht der Bilder wurde schließlich untermalt von den Grateful Dead, Pink Floyd und Kaleidoscope. Natürlich auch nicht verkehrt. Einige Jahre später, 1979, tauchte schließlich ein Doors-Song an entscheidender Stelle in einem anderen großen Film auf: »The End« untermalt in Francis Ford Coppolas Kriegsdrama *Apocalypse Now* Anfang und Ende. Wie Schnitt und Dramatik bei der Tötung von Colonel Kurtz (Marlon Brando) synchron mit der Musik laufen, das ist große Kunst. Und man kann sich vorstellen, dass Morrison begeistert gewesen wäre, als Kurtz die letzten Worte flüstert: »The horror! The horror!«

Und dann ist da noch der Oliver-Stone-Film *The Doors*. Der Autor Jerry Hopkins behauptet, er habe die Filmrechte an seiner Doors-Biographie *Keiner kommt hier lebend raus* in den sieben Jahren nach dem Erscheinen 1980 viermal verkauft. Damals wollten alle diese Geschichte verfilmen, doch erst Stone gelang es dann 1991 tatsächlich. Wobei »gelingen« hier ein dehnbarer Begriff ist. Zwar sieht Val Kilmer aus wie Morrison, er eignete sich auch dessen Gesten und Sprechweise an, singt sogar passabel, aber Charisma lässt sich nun einmal nicht trainieren. Kilmer wirkt wie einer dieser Kirmes-Doppelgänger, die dem Original täuschend ähnlich sehen und doch gar nichts mit ihm zu tun haben. Sein Morrison ist ein ständig taumelnder Alkoholiker, während Kyle McLachlan als Manzarek wie eine dauerbekiffte Witzfigur mit Perücke aussieht – so zeichnet Stone die Ereignisse nach, zitiert die berühmten Sätze, aber geht niemals auch nur ein bisschen in die Tiefe. Die Konzentration auf Sex und Drogenexzesse half wahrscheinlich bei der Zuschauerzahl. Ray Manzarek fand, es sei »sensationsheischend« und dass Stone sich schämen solle. Krieger und Densmore, die als Berater an dem Film mitgearbeitet hatten, zeigten sich diplomatisch – und der Apologet Hopkins war möglicherweise schlicht froh, dass es nicht noch schlimmer gekommen war. Er hatte schon miterlebt, dass John Travolta unbedingt Morrison spielen wollte. Sogar U2-Sänger Bono war laut Gerüchten eine Weile im Gespräch gewesen. Dann

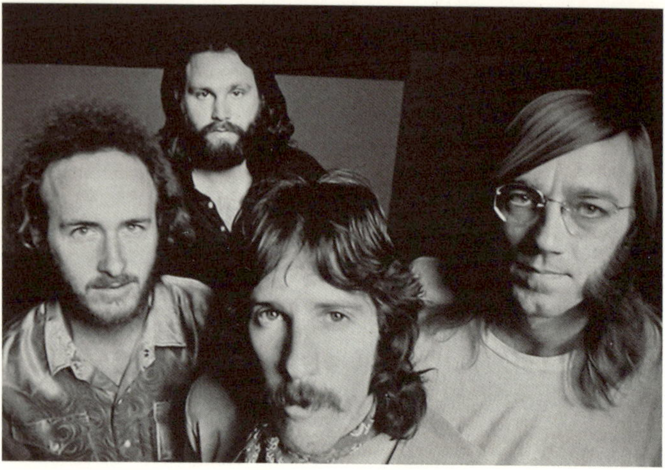

The Doors 1970: Der Sänger ist schon auf dem Rückzug

zeigte sich Charlie Sheen interessiert, der gleich produzieren, Regie führen und die Hauptrolle haben wollte, schließlich aber wieder mal die Orientierung verlor und sich einfach nicht mehr meldete. Wer weiß, was aus ihm geworden wäre, wenn er sich zusätzlich zu seinen eigenen auch noch Morrisons Dämonen einverleibt hätte.

»The men don't know / But the little girls understand«: Die Liebe

Man muss kein Rockstar sein, um die Fantasie von Frauen anzuregen, aber es hilft natürlich. Als Jim Morrison erst mal in seinen engen Lederhosen auf der Bühne stand, wollten ihn alle, und er spielte geschickt mit dieser Rolle des Massen-Verführers, bis sie ihm zu blöd wurde. Dann kam er nicht mehr aus der Schublade raus. Angefangen hat das Verführen, Verzaubern und Erschüttern bei ihm allerdings lange, bevor der Ruhm da war. Auch das ist ein Rätsel, das nie ganz zu ergründen sein wird: Warum ziehen manche Menschen andere so sehr an? Begriffe wie Charisma können das nicht wirklich fassen. Vielleicht ist es ein göttlicher Funken.

Schon als Teenager war Morrison kein gewöhnlicher Boyfriend. Er verehrte seine Freundinnen sehr und drangsalierte sie gleichzeitig. Im Grunde zieht sich diese Ambivalenz durch sein gesamtes kurzes Leben. Albert Goldman nannte ihn einen »Hippie-Adonis« und »surf-born Dionysus«, doch es ging um viel mehr als das Äußere. Was die Frauen anzog, war auch etwas Magisches, Düsteres – die einen wollten ihn retten, die anderen wollten ihn wenigstens verstehen, manch eine wollte vielleicht tatsächlich einfach nur ein bisschen Spaß. Keine hat wirklich bekommen, was sie sich gewünscht hatte, und alle wollten dann trotzdem noch mehr. In der Sehnsucht nach Jim Morrison liegt womöglich auch eine Todessehnsucht, die sich in unbändiger Leidenschaft im Leben ausdrückte.

> Die Liebe ist wirklich die große Bestätigung. Man will sein, man will zählen, man will – wenn man sterben muss – mit Wert sterben, mit Aufsehen, kurz, man will bleiben. Und doch ist immer der Wille, zu sterben, in ihr zu vergehen, an sie gekoppelt – vielleicht, weil sie so übermächtig Leben ist, dass sich, wen man in ihr vergeht, das Leben sogar noch mehr bestätigen würde?

Cesare Pavese hat das geschrieben, in *Das Handwerk des Lebens* 1952, und 27 Jahre später erklärte Joan Didion, die 1968 einige Stunden bei den Doors im Studio verbracht hatte, in ihrer Essaysammlung *The White Album* die Band zu »Missionaren des apokalyptischen Sex«, die »darauf bestanden, dass Liebe Sex war und Sex Tod und dass darin eine Erlösung liegt«. Die absolute Hingabe, der alles andere ausblendende Rausch, Ekstase um jeden Preis: Weniger war Morrison nicht genug. (Wobei es interessant ist, dass etliche seiner Frauen von wunderbaren Nächten erzählen, in denen er ihnen Gedichte vorgelesen und philosophiert habe, aber von leidenschaftlichem Sex ist nie die Rede – der drogen- und alkoholinduzierte Rausch war ihm offensichtlich näher, und ziemlich oft dämmerte er einfach weg. Schade eigentlich.)

Gegen ein bisschen oberflächliches Vergnügen hatte Morrison trotz seiner Suche nach tiefen Erfahrungen allerdings nichts einzuwenden, das ging nebenbei. Das berühmteste Groupie der Welt, Pamela Des Barres, kam dennoch leider nicht so nahe an den damals noch aufstrebenden Rockstar heran, wie sie es sich gewünscht hatte. In ihrer sehr unterhaltsamen Autobiographie *I'm With The Band* beschreibt sie, wie sie im Frühjahr 1967 zum ersten Mal Jim Morrison von »dieser neuen Band The Doors« sah: »Er umklammerte das Mikrophon, als wäre es ein entscheidender Teil seines Körpers, und er stöhnte, als würde er es wirklich so meinen ... Außerdem sah er wie ein griechischer Gott auf Abwegen aus.« Nachdem er backstage wild mit ihr geknutscht und erzählt hatte, seine Bühnen-Persona wäre nur ein Spiel und eigentlich wolle er als Dichter anerkannt werden, wäre sie gern noch mit auf sein Hotelzimmer gegangen, doch er vertröstete sie. »Er hat sich dann als ziemlicher Eine-Frau-Mann herausgestellt«, bemerkte Des Barres trocken – und widmete sich Mick Jagger und Jimmy Page, unter anderem.

Nach Morrisons Tod beanspruchten mehrere Witwen die Deutungshoheit über ihren Geliebten für sich. Ein klassisches Dilemma: Wer viele Menschen verzaubert, hinterlässt auch viele verschiedene Bilder und Perspektiven. So ist es kein Zufall, dass gleich zwei Frauen, Patricia Kennealy und Pamela Courson, nach seinem Tod ein »Morrison« an ihren Nachnamen anhängten – wie eine späte Bestätigung: Ich war es! Ich war die Eine! Wenn der Lebensmensch schon von dieser Welt verschwunden ist, dann sollen wenigstens alle anderen wissen, dass wir für immer zusammengehören. Die eine hat Morrison in einer (rechtlich nicht bindenden) Hexenzeremonie geheiratet, mit der anderen hatte er mehrfach eine Heiratslizenz angefordert, zum Standesamt schafften sie es allerdings nie.

Patricia Kennealy deutet in ihrer Autobiographie *Strange Days* ihre Zeit mit Jim Morrison so, dass sie die eigentliche große Liebe war, der es nur nicht mehr rechtzeitig gelungen ist, die Tragödie, seinen frühen Tod zu verhindern. Sie lernte den Sänger 1969 in New York kennen, wo sie für das Musikmagazin *Jazz & Pop* arbeitete – damals noch eine ziemlich Männerdomäne. Kennealy war tough, das gefiel Morrison. Im Frühjahr 1970 soll er ihr einen Heiratsantrag gemacht haben, mit einem Smaragdring. Es sollte keine normale Hochzeit werden, sondern ein heidnisches Vereinigungsritual, ein sogenanntes Handfasting. Kennealy gehört zu einem keltischen Hexenzirkel.

Zwei Freunde Patricias leiteten die Zeremonie am 24. Juni, sie nennt sie Lady Maura und Lord Bran. Schwert, Kerzen, Altar, Räucherwerk: alles so, wie man sich eine Hexenhochzeit vorstellt. Jim und Patricia tauschten Ringe, unterschrieben ein Dokument und besiegelten es mit ihrem Blut. (Morrison musste die Hohepriesterin Maura helfen, die das Ritual vollzog – der Meister der langsamen Selbstzerstörung konnte sich nicht selbst ins Handgelenk schneiden.) Nicht der Tod würde sie scheiden, betonte Patricia, sondern nur das Ende der Liebe. Keine legal gültige Zeremonie, sondern eine religiöse. Vereinigung für immer. »Was zwischen den Welten liegt, betrifft die Welten nicht«: Dieser Satz war für Morrison die Essenz jener Stunden, in denen sich Raum und Zeit auflösten.

Dass sie sich künftig nur alle paar Wochen oder Monate sehen würden, auf Tournee oder wenn Jim in New York vorbeikam, entsprach auch Patricias Freiheitsdrang: Bei aller Liebe wollte sie gar nicht ständig mit ihm zusammenhocken, und den Alltag mit Morrison stellte sie sich überraschend realistisch vor: Er würde saufen und mit anderen Frauen rumhängen, und sie könnte das nicht ändern, sich aber auch nicht damit abfinden. Dann lieber gleich weniger mitkriegen und auf die positiven Aspekte konzentrieren. Ihr kam es auf die spirituelle Verbindung an, nicht auf die physische Präsenz – oder vielleicht fügte sie sich auch nur ins Unvermeidliche, weil sie ahnte, dass er Pam nicht für sie verlassen würde. Auch das: Auslegungssache.

Bei einer Angelegenheit waren sich dann beide ziemlich einig: Als Patricia Jim im August sagte, dass sie schwanger sei, erwiderte er sehr klar, dass er kein Kind wolle – er könne nicht dafür sorgen, nicht die Verantwortung tragen. Und sie wollte kein Kind ohne ihn großziehen. Also Abtreibung. Jim versprach, ihr beizustehen. Am Tag, als Patricia in die Klinik ging, tauchte er nicht auf. Er rief nicht einmal an. Kurz vor Weihnachten flog sie nach Los Angeles und begegnete dort auch Pam, die sich weniger feindselig als interessiert zeigte – und zu der Abtreibung sagte, es wäre doch schön gewesen, wenn Patricia Jim genug geliebt hätte, um das Baby zu bekommen. Patricia konterte zornig, sie habe Jim und sich selbst und das Baby genug geliebt, um es nicht zu bekommen: »Ich wollte es nicht dieser Hölle aussetzen.« Die Abtreibung habe Jim ihr bezahlt, ansonsten wolle sie auf keinen Fall Geld von ihm – eine weitere Breitseite gegen Pam, die sich von Jim mehr oder weniger aushalten ließ.

Bis heute glaubt Kennealy, Jim sei damals nach Paris gegangen, um in Ruhe mit Pam Schluss zu machen, mit der er nur noch aus »halb Mitleid, halb Gewohnheit« zusammen gewesen sei. Vielleicht hat er ihr das tatsächlich so erzählt. Vielleicht hat er es in manchen Momenten sogar so gemeint. Wer weiß das schon. In seinem letzten Brief an Patricia vom Juni 1971 erinnerte er sich liebevoll an den Hochzeitstag vor einem Jahr, aber schrieb auch, er stünde an einem Abgrund und wisse keinen Ausweg. Patricia Kennealy antwortete ihm nicht, obwohl er diesmal sogar seine Pariser Adresse auf den Umschlag geschrieben hatte – aus Angst, Pamela könnte ihre Zeilen in die Finger bekommen.

Egal, mit wem sich Jim Morrison einließ – und er ließ sich mit einigen Frauen ein, gern auch parallel und je nach Laune mal mehr, mal weniger intensiv –, am Ende war es immer Pamela Courson, zu der er zurückkehrte. Oder wie Manzarek es ausdrückte: »Pam war die Nummer eins, aber sie war immer an der Spitze einer Liste von sich ständig verändernden Top Ten.« Jim machte anderen Frauen schöne Geschenke, er umgarnte sie und schrieb ihnen Gedichte und Briefe – und er war, wenn er bei ihnen war, offensichtlich so sehr bei diesen Frauen und für sie da, dass alle in Kauf nahmen, dass er im nächsten Moment weg sein konnte und sich wochenlang nicht mehr meldete. Mit Gayle schlenderte er durch Los Angeles, mit Anne diskutierte er stundenlang über Literatur, mit einer anderen Pamela (es gab damals anscheinend sehr viele Pamelas in Kalifornien) traf er sich regelmäßig, wenn er in der Stadt war. Sie nahmen, was sie kriegen konnten, ahnend, dass sie gegen die Eine nicht ankommen würden. Die Frau, die er seine »kosmische Partnerin« nannte.

Als Jim sie traf, war Pamela noch ein Mädchen – und vielleicht hatte sie neben ihm nie eine Chance, wirklich erwachsen zu werden. Sie lernte Jim Morrison kennen, bevor sie sich selbst kennenlernen konnte. Und dann unterstützten sich die beiden gegenseitig im freien Fall. Die Geschichten, wo und wie sie zusammenkamen, gehen etwas auseinander. Manzarek glaubte sich zu erinnern, dass sie sich erstmals Anfang 1966 im »London Fog« sahen. Angeblich war damals eigentlich Densmore an der zarten, rothaarigen 19-Jährigen interessiert, doch gegen den Sänger hatte der Schlagzeuger natürlich keine Chance. Andere Quellen sagen, sie lernten sich bei einer Party an

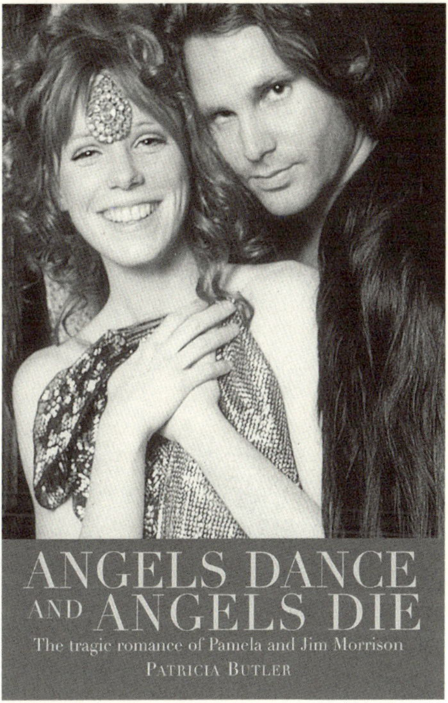

Pamela & Jim: Über ihre Liebe wurden ganze Bücher geschrieben (Patricia Butler: Angels Dance and Angels Die. London 2010)

der UCLA kennen. Jedenfalls war es die Zeit, als Morrison noch so schüchtern war, dass er dem Publikum manchmal den Rücken zudrehte, weil er die Blicke nicht aushalten konnte. Manche fanden das abweisend, andere reizvoll. Pam gehörte wohl zur zweiten Gruppe.

Pamela Courson war ziemlich klein und sehr dünn, einiges deutet auf Magersucht hin. Neben Jim sah sie zerbrechlich aus, doch der Eindruck täuschte: Wenn er sie zu sehr provozierte, konnte sie durchaus zurückschlagen – verbal, aber auch körperlich. Er fing sich im Laufe der Jahre die eine oder andere heftige Ohrfeige ein. Es gab von Anfang an eine Menge Streit in dieser Beziehung, viel Geschrei, zerbrochenes Geschirr und Drohungen – aber Pam war eben immer auch die eine Frau, bei der er sicher sein konnte, dass sie nicht nur den Rockstar wollte. Die schon in ihn verliebt war, als er noch nicht Sänger der berühmten Doors war, sondern nur ein mittelloser Rumhänger, ein sensibler Grübler. Und sie hielt ihn auch in den unangenehmen Momenten aus, wenn er Jimbo, der Säufer war. Beide hatten eine sensible und eine zerstörerische Seite, das verband sie. Für Manzarek wirkten sie wie ein und dieselbe Person: »Sie waren wie unterschiedliche Seiten derselben Münze, perfekt füreinander.« Auch Densmore bestätigte, sie hätte – bei all der Unschuld, die sie ausstrahlte – das nötige Feuer gehabt, um Jim zu entsprechen. Das Verhältnis zwischen ihr und den Musikern war trotz dieser Einsichten nicht ungetrübt: Je mehr Pam darauf bestand, dass Jim eigentlich ein Dichter war und sich mehr von der Band distanzieren sollte, desto skeptischer wurden die restlichen Doors verständlicherweise. Sie beobachteten natürlich auch, dass es Pam so wenig wie ihnen gelang, Jims Alkoholkonsum zu bremsen. Allerdings versuchte Pam es gleich gar nicht – sie nahm selbst eine Menge Drogen, sogar Heroin, das Jim immer ablehnte. Laut Manzarek kam er durch sie zum ersten Mal mit Opium in Berührung. »Aber vor allem Downer waren ihr Ding«, behauptet Produzent Rothchild. »Bei ihr waren das Hasch und Gras, bei Jim Alkohol.«

Jim liebte es, Pam seine Gedichte vorzulesen und aus anderen Büchern, er sah sie wohl auch ein bisschen als Schülerin. Obwohl sie nur drei Jahre jünger war als er, nannte er sie »sweet child«. Dass sie oft tagelang nichts aß, nahm er anscheinend gar nicht wahr – so wie seine Bandkollegen wiederum nicht sehen wollten, dass er zum Alkoholiker wurde. »Das war unser geheimer, unausgesprochener Pakt«, sagt Densmore: »Wir vertuschten, dass etwas nicht richtig war in dieser Band.« Es ging ja auch alles so schnell, und sie wollten doch so gern berühmt werden, da sahen sie lieber über die Fehler ihres Sängers hinweg und redeten sich ein, alles wäre einigermaßen in Ordnung. Ein paar Jahre würde es schon gut gehen. Zu Bill Siddons sagte Pam kurz nach Jims Tod, dass so viele Leute taten, als wären sie Jim nahe, aber nur sie hätte die Stirn gehabt, sich ihm auch mal zu widersetzen. Rothchild bat Morrison immerhin mehrfach, einen Psychologen oder Arzt aufzusuchen – vor allem, als der Sänger ihm erzählte, dass er, wahrscheinlich alkoholbedingt, schon länger mit Impotenz kämpfte. Einmal ging Jim dann auch tatsächlich hin, fand die Psychiaterin jedoch nicht kompetent genug. Kein ungewöhnliches Problem, besonders hochintelligenter Männer: Er glaubte, schon alles über seine Psyche zu wissen, wer könnte ihm also helfen? Dass sich selbst zu durchschauen noch kein Ausweg ist, sondern nur der allererste kleine Schritt, hat er dabei offensichtlich nicht bedacht.

Hin und wieder kam bei dem launischen Paar der Wunsch nach einem normalen, geregelten Leben auf, dann beantragten sie eine Heiratslizenz – und ließen sie verfallen. Das erste Mal hatten sie die Idee in Mexiko, kurz nachdem sie sich kennengelernt hatten, und noch einmal im Juni 1968 in Los Angeles. Später behauptete Pam, das Doors-Management hätte ihnen davon abgeraten, weil der Sänger als lediger Mann doch attraktiver für das weibliche Publikum sei. Ein verheiratetes Sexsymbol sei schwer(er) vorstellbar. Als hätte Morrison sich an solche Regeln gehalten! Wahrscheinlicher ist, dass ihnen einfach jedes Mal ein Streit dazwischenkam – und dass Jim sich vielleicht doch nicht so eindeutig festlegen wollte, weil er noch die eine oder andere Frau nebenbei hatte.

Statt sie zu heiraten, versorgte er Pam lieber mit einer Aufgabe: Er kaufte ihr eine Boutique am La Cienega Boulevard. Sie nannten sie »Themis«, wie die griechische Göttin der Gerechtigkeit und Philosophie. Er gab im Laufe der Zeit eine höhere sechsstellige Summe für den Laden und seine Ausstattung aus, aber so richtig in die Gänge kam das Ganze nicht. Pam schien so beschäftigt mit ihrer Rolle als Morrisons Gefährtin zu sein, dass für ihr eigenes Leben nur wenig Kraft übrigblieb – und sie hatte keinerlei finanziellen Druck, weil er für alles sorgte. Eine Freundin erinnert sich an eine bezeichnende Episode: Jim hatte Pam gerade einen Porsche gekauft, dessen Fahrertür sie öffnete, ohne auf den Verkehr zu achten. Ein anderes Auto riss die Tür fast ab. Jim gab ihr Geld für ein Taxi und meinte nur: »Hol dir ein neues Auto.« Freilich waren die Sechziger eine andere Zeit, in der in den USA viel weniger Frauen als heute selbst arbeiteten und dadurch abhängiger von ihren Männern waren. Die Versorger-Ehe war Standard. Und es wurde damals kaum über Probleme wie Alkoholismus oder Magersucht gesprochen – oder über Kindheitstraumata, die sie verursacht haben könnten. In diesem Sinne waren die Morrisons ein ziemlich normales amerikanisches Paar. Zudem bedeutete Jim Geld relativ wenig. Und doch ließ er schon im Februar 1969 ein Testament machen, in dem Pam als einzige Erbin benannt wurde – sie versorgt zu wissen muss ihm also wichtig gewesen sein. Und möglicherweise ahnte er schon, dass er nicht mehr viel Zeit hatte. Als sie gemeinsam nach Paris gingen, war Jim 27, sagte aber, er fühle sich wie 47. Und so ähnlich sah er auch aus.

Nach seinem Tod flog Pamela sofort zurück in die USA und lebte zunächst in Sausalito, allein mit ihrem Hund Sage, später

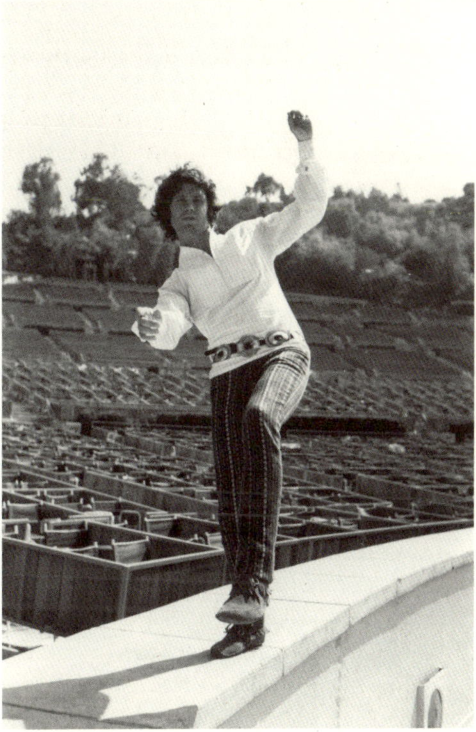

Jim Morrison versucht, die Balance zu halten (1968)

wieder in Los Angeles. In den letzten Monaten ihres Lebens arbeitete sie als Prostituierte – über die genauen Beweggründe ist nichts bekannt, doch bizarrerweise hatte Jim ihr dieses Schicksal einst vorausgesagt. Sie starb am 25. April 1974, an einer Überdosis Heroin. Sie war 27. Ihre Asche wurde nicht bei Jim begraben, sondern im kalifornischen Santa Ana. Auf ihrem Grabstein steht »Pamela Susan Morrison, 1946–1974«.

Fragen, die ich noch an Jim Morrison habe, Teil 3

»Do you think you'll be the guy / To make the queen of the angels sigh?« Es ist ja auf den ersten Blick erkennbar, warum sich all die Frauen zu Dir hingezogen fühlten, doch es bleibt ein Mysterium, was Dich eigentlich interessiert hat. An Pamela: die scheinbare Unschuld, die Schönheit? Dass sie den Dichter in Dir sah? Aber was sahst Du in ihr? »You reach your hand to hold me but I can't be your guide / Easy to love you as I watch you glide«, das hört sich nicht nach einer Liebe an, die in beiden das Beste hervorbringt. Hat Dir an Patricia gefallen, dass sie keine Führung wollte, sondern eine Gefährtin auf Augenhöhe war? Wäre das dann auf Dauer doch zu anstrengend geworden? Was hat Liebe überhaupt für Dich bedeutet – geistig, seelisch, körperlich? Wie hättest Du sie wohl erlebt, wärst Du nüchtern gewesen, wärst Du älter geworden, hättest Du Dich einmal komplett hingegeben?

In Deinem Lieblingsbuch, *On the Road – Unterwegs*, denkt Jack Kerouac über unser aller Todessehnsucht nach und erkennt, dass seine Geliebte ihn wohl niemals verstehen wird: »Ich mag zu viele Dinge und werde verwirrt und lasse mich von einer Sternschnuppe zur nächsten treiben, bis ich umfalle. Das ist die Nacht, was sie dir antut. Ich hatte niemandem etwas zu bieten außer meiner Verwirrung.« Doch natürlich hatte Jim Morrison viel zu bieten – und sein Körper war dabei vielleicht sogar das Geringste. Den Frauen, die trotz aller Demütigungen bei ihm blieben, ging es um seine Seele, seinen Verstand, sein wundes Herz – und dass er so schöne Worte fand und sie auch noch fantastisch singen konnte: Das hat sicher auch nicht geschadet.

»I am the Lizard King / I can do anything«: Der Dichter und der Spirituelle

Lyrik am Rande der Realität

Ob seine Frauen, Bandkollegen oder befreundete Künstler: Von Jim Morrisons Sehnsucht, als Dichter anerkannt zu werden, erzählen alle. In seinen Songtexten hat er immer wieder Zitate von literarischen Vorbildern verarbeitet und daraus große eigene Kunst geschaffen. Seine Lyrikbände blieben dagegen lange unbeachtet und galten selbst unter Doors-Fans nicht sehr viel. Vielleicht war aber auch genau das die Crux: Wer hat Morrisons Poesie schon noch unabhängig von seiner Rolle als Sänger, Showman und Superstar gesehen? Gegen die gewaltigen Lieder seiner Band kommen die Gedichte zwar nicht an, weil sie – ohne die kongenialen Melodien, ohne die quengelnde Orgel, ohne den dunklen Gesang – oft ein bisschen zu pathetisch oder schlicht unverständlich wirken, und doch lohnt die Auseinandersetzung. Morrisons Gedankenwelten setzen sich zusammen aus seiner Bewunderung für William Blake und Friedrich Nietzsche, für Arthur Rimbaud und die Beat Generation, und seiner Beschäftigung mit Schamanismus, mit

Ritualen, Archetypen und Symbolen, aber auch mit modernen Medien.

Irgendwann hatte Jim in einer Art Befreiungsschlag alle Notizbücher aus seiner Highschool-Zeit weggeworfen – und trauerte ihnen später noch lange hinterher, auch wenn er sich gleichzeitig bewusst war, dass sie ihn vielleicht aufgehalten hätten. Er hatte darin vor allem die Gedanken anderer notiert, Zitate aus Büchern, interessante Schnipsel. Losgelöst davon konnte er nun sein eigenes Weltbild entwerfen – auf den Schultern von Riesen, aber doch mit einem freien Blick in die Welt. Damals sagte er: »Echte Poesie sagt nichts, sie eröffnet nur Möglichkeiten. Öffnet alle Türen. Und man kann durch die gehen, die einem passen.«

Es ist kein großes Wunder, dass sich Morrison zu William Blake mehr hingezogen fühlte als zu allen anderen Dichtern. Selbst für die Zeit der Romantik war Blake etwas versponnen, galt als Verrückter unter den Verspielten. Er sah mehr als andere. Schon als Kind hatte er Visionen. In »End of the Night« singt Morrison: »Some are born to sweet delight / Some are born to endless night«, ein verdichtetes Zitat aus Blakes Gedicht »Auguries Of Innocence«. Es ist klar, zu welcher Sorte der Sänger gehört. Und auch das Sinnliche war für ihn entscheidend. Blake sah den Körper als Gefängnis der Seele, solange nicht alle fünf Sinne voll entwickelt sind. Erst dann kommt die Seele frei, dann sind alle Fenster (oder eben Türen) offen. Wer sich nicht völlig hingibt, wird weder Erlösung noch Weisheit finden.

Ähnliches findet sich bei Morrisons anderem Vorbild, Arthur Rimbaud (1854–1891). »Der Dichter«, schrieb Rimbaud, »macht sich selbst zum Visionär durch eine lange, grenzenlose und systematische Verwirrung aller seiner Sinne. Alle Arten der Liebe, des Leidens, der Verrücktheit sucht er, er braucht in sich alle Gifte auf und bewahrt ihr Eigentliches.« Das Lied »Wild Child« schrieb Morrison als Hommage an Rimbaud, der mit 19 seine Karriere als Dichter aufgab, weil er schon alles gegeben hatte, und nach Afrika ging, um ein neues Leben anzufangen. Nach einer unglücklichen Kindheit schien er lebenslang auf der Suche zu sein, er lehnte alle Autoritäten ab und starb mit 37 an Knochenkrebs. Als Morrison einmal gefragt wurde, was eigentlich seine Motivation im Leben sei, antwortete er mit »Neugier« und dem berühmt gewordenen Satz »I'm testing the boundaries of reality« (»Ich teste die Grenzen der Realität«) – abgeleitet aus Rimbauds »Eine Zeit in der Hölle«. Was den Sänger an der Poesie so anzog, war die Ewigkeit: »Nichts kann den Holocaust überleben, nur Poesie und Lieder. Kein Mensch erinnert sich an ein ganzes Buch. Niemand kann einen Film beschreiben, eine Skulptur, ein Gemälde. Aber solange es Menschen gibt, werden Lieder und Poesie bleiben.«

Natürlich wandte er sich dann – als wären Blake und Rimbaud für einen verzweifelten jungen Mann nicht schon genug – auch noch Friedrich Nietzsche (1844–1900) zu. In *Die Geburt der Tragödie aus dem Geiste der Musik* beschreibt Nietzsche, damals 27, die gegensätzlichen Prinzipien des Apollonischen und Dionysischen: Das Helle, der schöne Schein, der Traum gegen die Enthemmung, den Rausch, den Ausbruch der dunklen Urkraft. Während er das apollonische Moment auf der Bühne im Dialog, in der bildlichen Umsetzung sieht, ist der dionysische Musiker »ohne jedes Bild völlig nur selbst Urschmerz und Urwiderklang desselben«.

Tatsächlich sah Morrison wohl Krieger und Manzarek als apollonische Ergänzung zu seinem Dionysos – so erzählten es zumindest beide, nicht ohne Stolz. Tragische Helden waren sie allerdings auf eine Art alle – der eine gefangen in seiner Dunkelheit, die anderen an ihn gebunden, so sehr sie seine betrunkenen Kapriolen hassten. In *Ecce Homo* schreibt Nietzsche, er wolle »kein Heiliger sein, lieber noch ein Hanswurst« – was wiederum zu Morrisons Selbsteinschätzung als »Clown« passt. Und es waren wohl Nietzsches Ödipus-Betrachtungen, die Morrison zu »The End« inspirierten, das zwar sehr plakativ daherkommt (ein Killer zieht seine Stiefel an und schleicht durchs Haus, will den Vater umbringen und mit der Mutter schlafen), aber durchaus symbolisch gesehen werden kann: Das Töten der Eltern als Befreiung von den Prägungen und angeblichen Sicherheiten, die einen nur klein halten. Das Gewohnte, Aufgezwungene abstoßen, um etwas Neues entstehen zu lassen, sich selbst zu finden. Das wäre die wohlwollende Deutung. Der prosaische John Densmore allerdings sah das Ganze etwas skeptischer: »Wahrscheinlich hat Nietzsche Jim Morrison umgebracht.«

Freilich gab es auch Morrisons lebensbejahendere Begeisterung für die Beat Generation, deren letzte Ausläufer er gerade noch miterlebte. Er freundete sich mit Michael McClure an, las Allen Ginsberg und Lawrence Ferlinghetti, aber der wichtigste Mann war, wer sonst, Jack Kerouac (1922–1969). »Wenn er nicht, *On The Road* geschrieben hätte, hätte es die Doors niemals gegeben«: So hoch schätzte Ray Manzarek den Einfluss Kerouacs ein, »seinen Sinn für Freiheit, Spiritualität und Intellektualität«. Wie Kerouac versuchte Morrison zu schreiben, ohne sich selbst zu beschränken (wobei Drogen und Alkohol halfen), frei zu assoziieren, seine Gedanken scheinbar willkürlich aneinander zu montieren (die sogenannte Cut-up-Technik), im Rhythmus der Musik zu dichten. Er setzte auch Pausen ganz bewusst ein.

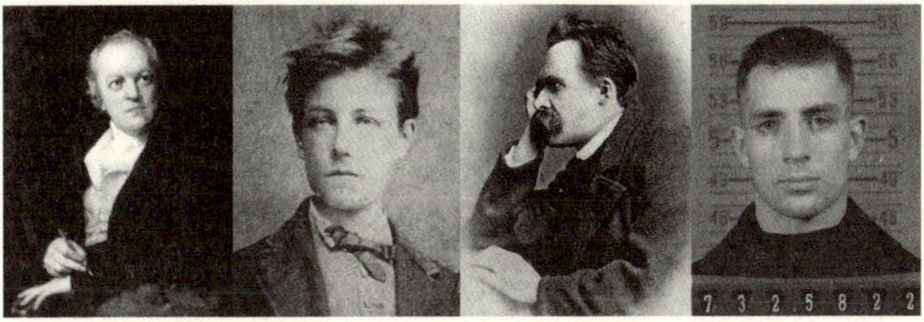

Ahnengalerie: William Blake (1757–1827), Arthur Rimbaud (1854–1891), Friedrich Nietzsche (1844–1900), Jack Kerouac (1922–1969), v. l. n. r.

So viel zu den Vorbildern, aber was hat Jim Morrison abseits der Songtexte für die Doors wirklich geschaffen? Zu seinen Lebzeiten wurden nur drei schmale Gedichtbände veröffentlicht: *The Lords, The New Creatures* (1969, später zusammengefasst) und *An American Prayer* (1970).

The Lords, Untertitel *Notes On Vision*, hatte er geschrieben, während er noch an der UCLA studierte. »Ich nehme wenig davon ernst«, behauptete er einmal, aber die Veröffentlichung war ihm doch sehr wichtig. Die Gedanken, die er dort in Prosaform über das Kino und seine Mythen, Sex, Tod und Gewalt formuliert, sind nicht besonders originell, manchmal fast naiv, und dann in ihrer Bildlichkeit hin und wieder doch beeindruckend.

Immer wieder kommen – wie in seinen Songs – Augen vor, einmal nennt er sie tatsächlich Fenster zur Seele. »The eye is a hungry mouth / That feeds on the world.« Der Begriff des Voyeurs zieht sich durch das Werk, auch Journalisten sah er so (»Sie saugen alles wie ein Schwamm auf und reden nie über ihre eigene Psyche.«), nimmt sich selbst dabei nicht aus. Aber wer sind nun diese Lords? Das sogenannte Establishment, die Unterdrücker: Sie kontrollieren die, die es zulassen, und betäuben sie durch Kunst, vor allem durch das Kino, aber auch durch Literatur und Musik. Ohnmacht und Hilflosigkeit breiten sich aus.

Möglicherweise basieren auch die Lords auf einer Idee Nietzsches, dem »Willen zur Macht«. Eines von Morrisons Lieblingsbüchern war *Also sprach Zarathustra*, die Idee der Selbstüberwindung faszinierte ihn. Der »Wille zur Macht« als Annehmen des permanenten Kreislaufs von Leben und Tod, Entstehen und Vergehen, Lust und Schmerz, »ewig rollt das Rad des Seins«. Man erschafft sich ständig selbst, man zerstört sich ständig selbst, »jenseits von Gut und Böse, ohne Ziel«. Die Vorstellung einer »Ewigen Wiederkunft«, einer dauernden Wiederholung auszuhalten: Das ist das Schwerste und erst möglich, wenn man sowohl die vom Nihilismus zerstörten Werte (Religion, Moral und so weiter) als auch den Nihilismus selbst überwunden hat (Stichwort: Übermensch). Dem Leben dienen, sonst nichts. Im Grunde wieder: Dionysos.

Bei Nietzsche sind also die Revolutionäre und Nonkonformisten die Gebieter, die Dichter und Künstler – das, was bei Morrison die neuen Geschöpfe oder die Schamanen sind. Möglicherweise ein Missverständnis, oder Morrison wollte sich doch lieber ein eigenes Weltbild zurechtrücken. Schwer zu sagen, denn die surrealen Gedichte und oft brutalen Bilder in *The New Creatures* wirken obskur und wegen all der Gedankensprünge und Auslassungen oft unverständlich.

Erfreulicher sind die Gedichte, die er an seinem 27. Geburtstag im Studio einsprach und die 1978 mit Musik der restlichen Doors als *An American Prayer* veröffentlicht wurden, später dann auch noch in verschiedenen Bänden zusammengefasst.

Ein Auszug aus *Far Arden* (1970)

A vast radiant beach in a cool jeweled moon
Couples naked race down by its quiet side
And we laugh like soft, mad children
Smug in the wooly cotton brains of infancy.
The music and voices are all around us.
Choose, they croon, the ancient ones
The time has come again
Choose now, they croon,
Beneath the moon
Beside an ancient lake.
Enter again the sweet forest,
Enter the hot dream,
Come with us.
Everything is broken up and dances

ein weiter, kühl im mondlicht funkelnder strand
nackte paare rennen durch die stille des sandes
und wir lachen wie weiche, wahnsinnige kinder
mit herausgeputzten, flauschigen wollhirnen.
musik und stimmen umgeben uns.
wählt, sirren sie, die Alten
wieder ist die zeit da.
wahlt jetzt, sirren sie,
in der mondnacht
am ufer eines alten sees.
zieht wieder ein in den feuchten wald,
tretet ein in den warmen traum,
kommt mit uns.
alles löst sich auf und tanzt.

Viel Aufmerksamkeit bekam Morrisons Lyrik jenseits von einigen Doktorarbeiten und anderen Deutungsversuchen nicht. In Deutschland erschienen wenige Jahre nach seinem Tod *Die Herren und die neuen Geschöpfe, Ein amerikanisches Gebet* und *Fernes Arden* im kleinen, anarchistischen karin kramer verlag berlin, in zweisprachigen Versionen. Ein Glück, dass sich überhaupt ein Verlag heranwagte, und Übersetzer Werner Reimann gab sich redlich Mühe, doch die Musikalität der freischwebenden Verse ließ sich nur schwer ins Deutsche retten (und die recht volatile Groß- und Kleinschreibung – damals ein Anti-Establishment-Zeichen – machte es auch nicht besser).

Posthum erschien 1988 *Wilderness*, der erste Band der *lost writings* mit Gedichten von 1966 bis 1971. (In Deutschland als *Die verlorenen Schriften: Wildnis* mit Übersetzungen von Karin Graf veröffentlicht.) Neben »Horse Latitudes« und »Rock Is Dead« gibt es hier noch einige große Momente – und ein paar peinliche auch. Manchmal beides zusammen: In »Lament for the Death of My Cock« geht es wieder einmal um Opfer und Heilung, und die Stadt ist erneut der Ort der Verzweiflung, der Einsamkeit, der Krankheit. Aber sie birgt auch die Möglichkeit der grenzenlosen Erfahrungen: Exzess, Rausch, Euphorie. Es ist die Spannung zwischen sehr viel Leben und sehr viel Tod. Und immer wieder zieht Morrison die Verbindung zwischen Sex und Sterben: »Could any hell be more horrible than now and real? / I pressed her thigh and death smiled.« Archaische Bilderwelt treffen auf die Moderne, in verschiedenen Metamorphosen werden die Rollen des Dichters, des Verrückten und des Clowns durchgespielt, und immer geht es um den Aus- und Aufbruch, natürlich mit dem Highway als Ort für »lovers, searchers, leavers so eager to please and forget«. Was

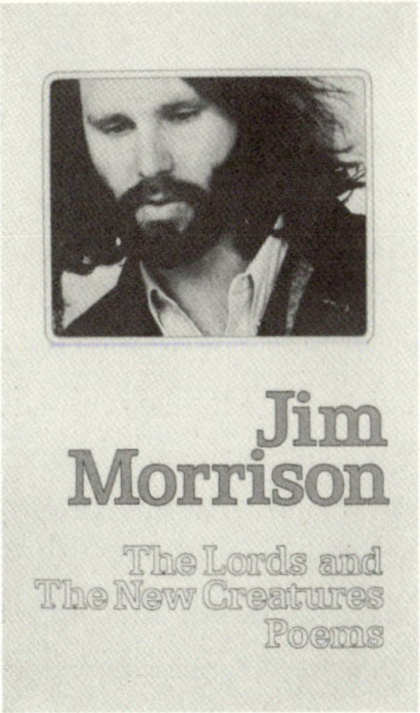

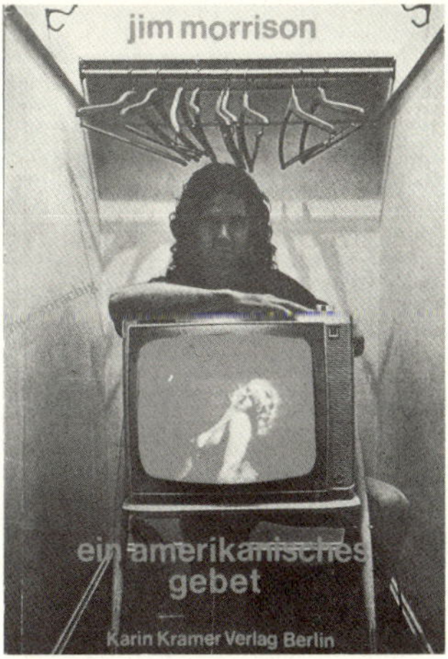

Noch wichtiger als die Musik war ihm die Poesie: Morrisons Gedichtbände

man dabei nicht vergessen darf: Ende der 60er-Jahre waren diese Themen noch nicht so abgenutzt wie heute, 5793 (oft wunderbare) Songs von Bruce Springsteen bis Conor Oberst später.

Der Band *The American Night* wurde 1990 von Pamela Coursons Eltern und Jims Freund Frank Lisciandro und dessen Frau zusammengestellt, er umfasst neben »An American Prayer«, »Celebration of the Lizard« und diversen anderen Gedichten und Songtexten auch das Spätwerk, wenn man es so nennen will. Das »Paris Journal« zeigt Morrisons letzte Aufzeichnungen, die voller Wut und Verzweiflung sind. »You lie, you cheat / You steal, you kill / you drink the Southern / Madness swill / of greed / you die utterly & alone«. Ob er das jemals veröffentlicht hätte?

Von »Celebration of the Lizard« behauptete Morrison, man müsse den Text nicht allzu ernstnehmen. Der Spruch, dass er der Eidechsenkönig sei, der alles tun kann, mag ironisch gemeint gewesen sei, allerdings bevölkern Reptilien ziemlich viele seiner Texte. Echsen und Schlangen: archaische Wesen, vielleicht Krafttiere. Vieles, was in Morrisons Gedanken und Geschichten auftaucht, ist geprägt davon, dass er sich als eine Art Schamane sah. Dabei interessierte er sich allerdings (leider) weniger für die Rolle des Schamanen in der Gemeinschaft, also die des Heilers, sondern mehr für die Fantasien und Visionen. Er glaubte: »Wenn sich der Schamane seiner selbst und seiner Funktion zu sehr bewusst würde, dann könnte das doch seinen Trip ruinieren.« Gleichzeitig empfand er es durchaus als Opfer, dass er so ungeschützt dem Publikum ausgeliefert war: »Der Schamane gleicht einem Sündenbock. Ich sehe die Rolle des Künstlers als die eines Schamanen und Sündenbocks. Die Menschen projizieren ihre Fantasien auf ihn und zerstören ihn.«

In den Liedern, nicht nur im »Shaman's Blues«, kommen immer wieder spirituelle Symbole vor, vieles dreht sich um Mond und Sonne, die Erde und die Elemente. Das Wasser in »Yes, The River Knows« scheint weniger ein Quell des Lebens als ein kultischer Ort der Todessehnsucht zu sein: »I promised I would drown myself in mystic heated wine«. Endlich eins werden mit der Erde, den »ancient lake« erreichen: Das schien Morrison nur durch den Tod möglich zu sein. Schamanen sind eigentlich Vermittler zwischen den Welten, aber auch wenn in seiner Lyrik so oft von einem neuen, anderen Leben die Rede ist, wirkte Morrison nie, als hätte er einen Zugang zu einer anderen Welt tatsächlich gefunden. Vielleicht war er einfach noch zu jung, zu sehr mit dem Diesseits und seinen Herausforderungen beschäftigt, um tiefer zu graben.

Er sah den Unfall, den er als Kind miterlebte, als eine Art Initiation, weil er damals die Seele eines sterbenden Indianers in seinen Körper fahren spürte, vielleicht war sie aber »nur« ein Traum(a). Jedenfalls ging er den schamanischen Weg nicht sonderlich konsequent. Er suchte sich keine spirituellen Lehrer oder Gefährten, nahm an keinen Übungen oder Ritualen teil. Es war wohl vor allem die Ekstase, die ihn anzog – Träume, Trance, Visionen. Während seiner UCLA-Zeit verstärkte er diesen Weg mit LSD, später brauchte er keine Psychedelika mehr, um die Realität zu transzendieren. Auf der Bühne wirkte er manchmal tatsächlich wie von einem Geist besessen.

Er tanzte gern im Kreis um sein Mikrofon, sang Laute statt Worte, ließ sich plötzlich zu Boden fallen, als wollte er zur Unterwelt, zur Anderwelt durchstoßen. Und dann hatte die Musik tatsächlich eine heilende Kraft – oder es kippte in die andere Richtung, wie Ray Manzarek es oft von der Orgel aus beobachtete: »Er war wie ein Priester, der die Gemeinde zur Erlösung oder zur Schlachtung führt, je nach Stimmung. In der Rückschau sieht es vielleicht etwas vorsätzlich und übermäßig theatralisch aus, aber damals war die Energie, die wir spürten, ganz real.«

Später, als Morrison von den lahmen Reaktionen vieler Doors-Fans enttäuscht war, weil sie seine Vorstellung von einer ständigen, täglichen Revolution nicht verstanden oder jedenfalls nicht mitgehen wollten, kam er noch einmal auf die Türen zurück. Die Menschen müssten die Freiheit schon selbst wollen, auch auf Kosten von finanzieller und jeder anderen Sicherheit – sonst wird es nichts mit einer besseren Welt. »Wir können nur Türen öffnen, wir können die Leute nicht hindurch schleppen.«

Fragen, die ich noch an Jim Morrison habe, Teil 4

»Can you picture what will be / So limitless and free?« Ob Du auf diese Frage aus »The End« bis zu Deinem Tod eine Antwort gefunden hattest? Danach bestimmt. Welche Grenzen hättest Du vorher gern noch überschritten, welche Freiheit hast Du Dir nicht genommen? In diesen kurzen 27 Jahren steckte mehr Leben als in vielen anderen, die Jahrzehnte länger dauerten, weil Du kein Maß kanntest und keinen Gehorsam. Aber es war auch keine Zeit, um einmal innezuhalten. Vielleicht die Stille zu suchen und in eine Tiefe zu gehen, die kein Abgrund ist. All die Fans und Trittbrettfahrer, die nur ihren Spaß haben und nicht all Deine Seiten sehen wollten: Waren sie schuld – oder war das alles doch Deine Entscheidung? Hast Du ungefähr das bekommen, was Du Dir gewünscht hast?

»We could plan a murder, or start a religion«: Was hättest Du lieber getan? Oder hast Du vielleicht beides getan? Du hast Dich langsam umgebracht, Schluck für Schluck, und Du hast einen Kult begründet. Aber auf Deinem Weg zum Schamanen hast Du Dich ziemlich ablenken lassen durch all die Genüsse, all die Musik, all die Frauen. Stell Dir vor, Du wärst weiter gegangen und hättest in andere Welten vordringen können, ohne diese hier zu verlassen. Vielleicht wärst Du William Blake begegnet: Wie hätte das ausgesehen? Ich stelle es mir so vor… Du fragst ihn: »Can you give me sanctuary?«

und er erklärt Dir, wie Du die Zuflucht allein finden kannst, unabhängig von äußeren Umständen. Schließlich war es Blake, der gesagt hat, der Fuchs verdammt die Falle, nie sich selbst. Und der keine Einschränkungen gelten ließ. Woher sollten wir wissen, was genug ist, wenn wir nicht wissen, was mehr als genug ist? »Die Menschen werden in den Himmel aufgenommen, nicht weil sie ihre Leidenschaften gezügelt und besiegt oder gar keine Leidenschaften hätten, sondern weil sie ihr Verständnis der Dinge kultiviert haben.« Und dann machst Du vielleicht Frieden mit all Deinen Sehnsüchten – und bist tatsächlich grenzenlos und frei.

Um eine Welt in einem Sandkorn zu sehen
und einen Himmel in einer wilden Blume,
halte die Unendlichkeit in deiner flachen Hand
und die Ewigkeit in einer Stunde.

William Blake, Weissagungen der Unschuld (1803)

»When the music's over / Turn out the lights«: Die Skandale

Möglicherweise ist die Lederhose an allem schuld. Ziemlich oft, wenn man Menschen fragt, warum sie die Doors nicht mögen, kommt als erstes Argument die Lederhose (gern in Kombination mit dem nackten Oberkörper). Was sie damit meinen: Dass Jim Morrison sich so ausgestellt, dem Publikum praktisch als Projektionsfläche angeboten hat. Die Fotos, auf denen er mit leicht geöffnetem Mund posiert, später dann mit dem weggetretenen Blick. Und angeblich am liebsten ohne Unterwäsche. Der ungenierte Hedonismus, die billige Provokation. So wurde er zum Mythos, aber so versteckte er auch die anderen Seiten – den Schüchternen, das Verletzliche, den Dichter. Die Lederhose gehörte zu Jimbo, dem meistens betrunkenen Rockstar – und der bekam recht bald eine Menge Ärger.

Schon als Student studierte Morrison die bewusstseinserweiternde Wirkung von Drogen aller Art – aus reiner Neugier. So zumindest begründete er seine Exzesse: »Wenn ich hinterm Haus einen Berg Koks hätte, würde ich ihn schnupfen – einfach weil er da ist.« Sein hauptsächliches Rauschmittel war allerdings der Alkohol. Morrison trank gern, er sah sich in der

Tradition großer Dichter/Trinker wie Arthur Rimbaud, Dylan Thomas oder Edgar Allan Poe.

Und dieses Betäubungsmittel stand überall zur Verfügung. Drogenbesorgen fand er würdelos, die konspirativen Treffen und das geheime Zustecken von Päckchen. Er mochte auch die Langsamkeit lieber: Beim Trinken konnte er Schluck für Schluck entscheiden, wie es weitergeht – wobei er sich fast immer für Bis-zum-Umfallen entschied. Mehrere Autounfälle hielten ihn so wenig ab wie alle Versuche von Freunden, ihn zur Mäßigung zu zwingen. Der Journalist Jerry Hopkins brachte die These auf, dass Morrison möglicherweise an einer Enzym-Dysbalance litt, die ihn zu so einem unberechenbaren Trinker machte: Erst merkte man ihm sehr lange gar nichts an, und plötzlich kippte sein Zustand komplett und er war sturzbetrunken. Kein sanftes Hinübergleiten in den seligen Rausch, sondern zack, weggetreten. Trotzdem empfand Morrison den Alkohol als die Droge, die ihm jeden Tag eine Wahl ließ – »der Unterschied zwischen Selbstmord und langsamer Kapitulation«.

Seine Bandkollegen waren zunehmend verzweifelt und reagierten unterschiedlich: Densmore wütete gegen Morrisons Selbstzerstörung an und beklagte die negativen Auswirkungen auf die Studio- und Bühnen-Performances. Manzarek wollte lieber nicht so genau sehen, in welchem Zustand sein geliebter Freund war – er würde schon durchhalten, irgendwie. Für ihn gehörte die dunkle Seite ebenso sehr zu Jim wie die helle: »Das machte Jim aus. Das Bittere und das Süße, das Genie und der Schuft, der Poet und der Prolet. Man konnte ihn lieben oder lassen. Aber wer, außer einem Feigling, würde ihn lassen?« Später gestand Manzarek sich aber doch ein, dass ihm nicht ganz klar war, wie groß Morrisons Persönlichkeitsspaltung offensichtlich war, wie sehr er den negativen Anteil mit Alkohol betäuben musste.

Manchmal sorgte der Rausch ja auch für rauschhafte Konzerte, zumindest zu Beginn. Auf der Bühne überschritt Morrison gern die immer noch recht eng gesteckten Grenzen der Rockmusik – zunächst lustvoll, dann aus Verzweiflung. Waren die ersten Aufführungen von »The End« noch ein Schock für alle Beteiligten, der aus der Tiefe der Seele kam, so ging es ein paar Jahre später vor allem darum, dass der Sänger kein Objekt zum Anhimmeln mehr sein wollte, kein reines Sexsymbol – und sein Publikum anstachelte, doch endlich mal mehr als die Lederhose zu sehen und mit dem Denken anzufangen.

Doch war es dem von ihm so geschätzten Aristoteles nicht darum gegangen, dass beim Drama nicht nur Katharsis für das Publikum erreicht wird, sondern auch eine Reinigung für die Schauspieler selbst? Darüber streiten sich bis heute die Experten. Die Freiheit, die Morrison nicht vor, sondern auf der Bühne suchte, fand er dort jedenfalls nicht, so sehr er sich bei den Konzerten um Entgrenzung bemühte. »Ich bin an allem interessiert, was mit Rebellion, Unordnung, Chaos zu tun hat, vor allem mit Tätigkeiten, die keine Bedeutung zu haben scheinen« – so hatte er zu Beginn seine Mission beschrieben, aber diese Begriffe wurden mit der Zeit immer hohler. Die meisten Zuschauer wollten vielleicht ein bisschen Aufstand, mal die Autoritäten ärgern, eine Nacht wild sein – doch so eine kleine Auszeit vom Alltag war es nicht, an die Morrison gedacht hatte. Er träumte von einem kompletten Umdenken, einem anderen Leben. Als er merkte, dass es den meisten nur um etwas Krawall für zwei Stunden ging, nicht um wahre innere Freiheit, fing er an, gegen sein eigenes Publikum zu rebellieren – bis zum bitteren Ende. Eine Chronologie der Skandale, Verhaftungen und Anklagen bis zum entscheidenden Abend am 1. März 1969 in Miami.

28. September 1963: Unruhestiftung (Tallahassee/Florida)

Als Jim Morrison noch an der Florida State University war, wurde er zum ersten Mal verhaftet. Während eines Footballspiels im Campbell Stadium machte er sich – nach dem Genuss von (zu) viel Wein – lautstark über Spieler und Zuschauer lustig, bis jemand die Polizei rief. Auf der »Flucht« klaute er noch einen Schirm und einen Polizeihelm. Er wurde wegen Unruhestiftung belangt, Widersetzen gegen die Festnahme und Bagatelldiebstahl.

23. Januar 1966: Sexuelle Nötigung (Los Angeles / Kalifornien)

Auch bei Morrisons zweitem Zusammenprall mit der Staatsgewalt waren die Umstände eher lächerlich. Er hatte mit ein paar Studienfreunden einen Ausflug unternommen, dabei seinen Freund Phil O'Leno aus den Augen verloren. Wieder zu Hause behauptete Morrison plötzlich, er habe O'Leno ermordet und in der Wüste vergraben. O'Lenos Vater verlangte eine polizeiliche Untersuchung, bei der dann rauskam, dass Morrison unterwegs ein 14-jähriges Mädchen geküsst hatte – angeblich ohne dessen Erlaubnis. O'Lenos Vater, ein Rechtsanwalt, überredete sie zu einer Anzeige – wohl vor allem, um im Zuge der Ermittlungen von Morrison zu erfahren, was mit seinem

Sohn passiert war. Morrison wurde wegen sexueller Nötigung festgenommen und zu O'Lenos Verschwinden befragt. Die Anklage wurde fallengelassen, als O'Leno sehr lebendig wiederauftauchte. Er war einfach noch ein paar Tage nach Arizona gefahren.

9. Dezember 1967: Unruhestiftung, unsittliches Verhalten und öffentliche Obszönität (New Haven / Connecticut)

Der erste schwerwiegende Ärger mit den Gesetzeshütern fand auf Tournee statt – und zwar mitten auf der Bühne der New Haven Arena. Jim Morrison war wahrscheinlich der erste Musiker, der jemals mitten während eines Konzerts verhaftet wurde. Zumindest der erste so berühmte.

In Manzareks Erinnerung machte der Sänger backstage in der Dusche mit einer Frau herum, als ein Polizist die beiden fand und sie bat zu gehen. Morrison weigerte sich und bekam Pfefferspray ins Gesicht – wofür sich der Polizist später entschuldigte, als er merkte, dass er es mit dem Sänger der Doors zu tun hatte. Der erholte sich schnell, das Konzert konnte mit ein wenig Verzögerung beginnen. Auf der Bühne wütete Morrison dann allerdings gegen den »kleinen Mann mit seiner kleinen blauen Mütze«, das Wort »fuck« fiel einige Male. Da stürmte die Polizei die Bühne und nahm Morrison fest – wegen Unruhestiftung, unsittlichen Verhaltens und öffentlicher Obszönität. Die Anklage wurde einige Wochen später aus Mangel an Beweisen fallengelassen. Nicht nur Verschwörungstheoretiker, sondern auch einige vernünftige Leute glauben, dass das FBI den Sänger schon seit diesem Vorfall auf dem Kieker hatte – diese Hippies waren ja wohl schlimm genug, aber ein Typ, der die Massen aufwiegelte und dabei ständig von Ekstase und Tod sang? Das schien eine noch viel größere Bedrohung für das amerikanische Establishment zu sein.

28. Januar 1968: Trunkenheit in der Öffentlichkeit (Las Vegas / Nevada)

Man sollte ja meinen, Security-Typen in Las Vegas seien nicht so leicht erregbar, aber hier hatte Morrison, der mit einem befreundeten Schreiber unterwegs war, wohl Pech. Im »Pussycat a Go-Go«-Club dachte einer der Sicherheitsleute, der Sänger würde einen Joint rauchen und bat ihn zu gehen. Morrison beschimpfte ihn und bekam einen Knüppel an den Kopf. Er wurde wegen öffentlicher Trunkenheit und Unruhestiftung verhaftet. Weil er dann auch noch die Polizisten beleidigte, gab es eine Leibesvisitation und einen Platz in einer kleinen Zelle. Zum Glück zahlte die Freundin seines Freundes schnell Kaution.

1. März 1969: Unzüchtiges Verhalten, Exhibitionismus, öffentliche Obszönität und Trunkenheit (Miami/Florida)

Und dann Miami. Spätestens hier drehte sich das Schicksal der Doors. Bis dahin waren Morrisons Alkoholismus und sein erratisches Verhalten noch in einem Rahmen gewesen, der seinen Kollegen zwar zu schaffen machte, aber auszuhalten war, weil dagegen sein Genie stand – und die Fähigkeit, im Studio immer wieder zu großer Form aufzulaufen. In Miami machte er eigentlich nichts Anderes als sonst: Entgrenzung und Freiheit suchen, sich nicht mit einer einfachen Show zufriedengeben, das Publikum aufwiegeln. Aber an diesem Abend ging das so schief, dass sich die Doors nie mehr richtig davon erholten, auch wenn sie weiterhin Konzerte gaben und großartige Alben aufnahmen.

Am Tag zuvor hatte Morrison das Living Theatre gesehen, eine Schauspieltruppe, die das Stück *Paradise Now* aufführte – für ihn eine Offenbarung: Die Grenzen zwischen Bühne und Publikum verwischten hier, die Schauspieler zwangen die Zuschauer in den Dialog, und am Ende zogen sich auch noch alle aus – bis die Polizei kam und das Stück beendete.

In Miami tauchte Morrison am 1. März schon betrunken auf, das Konzert begann eine Stunde zu spät, und auf der Bühne ärgerte er sich, weil er nicht genügend Liebe spürte. In der Halle waren ein paar tausend Leute mehr als genehmigt, 12.000 etwa, es war brutal heiß, die Stimmung angespannt. »Ihr seid ein Haufen verdammter Idioten«, schimpfte er. »Ein Haufen Sklaven. Was wollt Ihr dagegen tun?« Jemand begoss ihn angeblich mit Champagner (was damals so getrunken wurde bei Konzerten!), also warf er sein nasses Hemd ins Publikum, es wurde von der Masse sofort aufgesogen. »Ziehen wir uns aus«, rief der Sänger, und viele im Publikum folgten der Aufforderung gern. Dann griff er an den Verschluss seines Gürtels. Und was dann passierte: Das weiß bis heute niemand so genau, die Meinungen gehen weit auseinander.

Die Band begann, »Touch Me« zu spielen, um Jims Aufmerksamkeit zurück auf die Musik zu lenken und ihn wegzubringen von der Publikumsprovokation, doch er brach nach wenigen Zeilen ab und begann, seine Hose zu öffnen. Die meisten Anwesenden, darunter seine drei Bandkollegen und Manager Bill Siddons, sagten später aus, dass er Boxershorts darunter trug, aber ohnehin gar nicht dazu kam, sich weiter auszuziehen, weil ein Roadie auf Manzareks Bitte hin eingriff und ihn festhielt, bis er von seiner Idee abließ. Ob er tatsächlich »Wollt Ihr meinen Schwanz sehen?« gesagt hatte?

Die Doors brachten das Konzert zu Ende, wenngleich eher stolpernd – Morrison vergaß Textteile, schimpfte weiter, lud Zuschauer zum Tanzen auf die Bühne ein und bekam schließlich auch noch von einem irren Bekannten ein kleines Lamm gereicht. »Ich würd's ja ficken«, behauptete der Sänger, »aber es ist zu jung.« Danach waren trotzdem alle erleichtert. Die Atmosphäre war zwar brenzlig gewesen, es war auch einiges zu Bruch gegangen, aber letztlich war nichts passiert. Dachten sie. In der Halle lagen Hunderte leere Flaschen und viele Büstenhalter und Höschen herum, die eher von Spaß als Chaos zeugten. Doch an den folgenden Tagen änderte sich alles.

In der Presse tauchten Berichte auf, Morrison habe sich auf der Bühne entblößt. Polizisten beschwerten sich, dass der Dienst an dem Abend kein Vergnügen gewesen sei. Und am 5. März gab es plötzlich eine Anklage aus dem Büro des Staatsanwalts: Morrison habe »obszön und unzüchtig sein Glied enthüllt und geschüttelt«. Außerdem habe er »masturbatorische Akte und Fellatio mit einem anderen simuliert«. Das soll Robby Krieger gewesen sein. Jim erfuhr davon in der Karibik, wo er eigentlich ein bisschen Urlaub machen wollte. Konzertagenturen sagten längst abgemachte Gigs ab, Radiosender wollten die Doors nicht mehr spielen. Schließlich schaltete sich sogar das FBI ein und warf Morrison vor, geflüchtet zu sein – dabei war er ja in die Karibik gereist, bevor es überhaupt eine Anklage gab, und kam daraufhin sofort zurück nach Los

Angeles. Anfang April 1969 stellte er sich dem FBI und blieb gegen eine Kaution von 5000 Dollar in Freiheit. Doch von da an schwebte die Anklage wie ein Damoklesschwert über ihm und der Zukunft der Band. Der Prozess zog sich über viele Monate hin, und am 30. Oktober 1970 wurde Morrison schließlich verurteilt: zu sechs Monaten Gefängnis, anschließend zwei Jahre und vier Monate Bewährung und 500 Dollar Strafe. Obwohl es kein einziges Beweisfoto gab, auf dem ein entblößtes Körperteil zu sehen gewesen wäre. Morrisons Anwalt legte Berufung ein, der Sänger blieb vorerst auf freiem Fuß. Zu einer weiteren Verhandlung kam es nicht mehr – bis dafür ein Termin festgelegt wurde, war Jim Morrison schon tot.

11. November 1969: Ruhestörung und Behinderung eines Flugzeugs (Phoenix/Arizona)

Miami war allerdings nicht Morrisons letzte Konfrontation mit der Polizei. Im November 1969 flog er mit einigen Freunden nach Arizona, um ein Konzert der Rolling Stones anzusehen. Der Flug war verspätet, er vertrieb sich die Zeit mit Trinken. Im Flugzeug nervte er eine Stewardess so lange mit (je nach Aussage) albernen bis obszönen Kommentaren, dass sie – nachdem er auch noch ein Sandwich nach ihr geworfen hatte – den Kapitän holte, der drohte, umzudrehen und ihn festnehmen zu lassen. Sie flogen schließlich zwar weiter nach Phoenix, dort kamen dann allerdings FBI-Agenten an Bord und nahmen Morrison und seinen Kumpel, den Schauspieler Tom Baker, in Gewahrsam. Betrunkene Ruhestörung wäre kein so schlimmer Anklagepunkt gewesen, aber Behinderung eines Flugzeugs ist ein Vergehen, das mehrere Jahre im Gefängnis einbringen kann. Morrison kam schließlich mit 600 Dollar Strafe davon, weil die Stewardess beim Prozess im April 1970 aussagte, es sei gar nicht er gewesen, der sie belästigt habe. Eine Verwechslung! Angeblich hatte Morrison vor der Verhandlung ein Gespräch mit ihr, bei dem er all seinen Charme einsetzte.

4. August 1970:
Verdacht Trunkenheit in der Öffentlichkeit
(Los Angeles / Kalifornien)

Die letzte Verhaftung Morrisons fand im August 1970 statt. Er hatte mal wieder die Nacht durchgesoffen und war auf irgendeiner Veranda eingeschlafen. Die Hausbesitzerin fand ihn am Morgen und schaffte es nicht, ihn aufzuwecken, also rief sie die Polizei. Gegen 25 Dollar Kaution ließ man den Sänger gehen.

12. Dezember 1970:
New Orleans / Louisiana

Beim letzten gemeinsamen Auftritt der vier Doors in New Orleans gab es keinen Skandal, keine Aufregung – und dann auch keine Hoffnung mehr. Die Band wusste an dem Abend, dass es vorbei ist. Jim Morrison war die Energie ausgegangen. Seine Stimme war vom vielen Rauchen angekratzt – angeblich drei Schachteln Marlboro am Tag, und er paffte nicht, er zog so tief, wie es einige Leute noch nie gesehen hatten. Inzwischen wog er 80 Kilo, keine Katastrophe, aber immerhin 18 Kilo mehr als bei den ersten Promo-Fotos, und der Alkohol hatte ihn aufge-

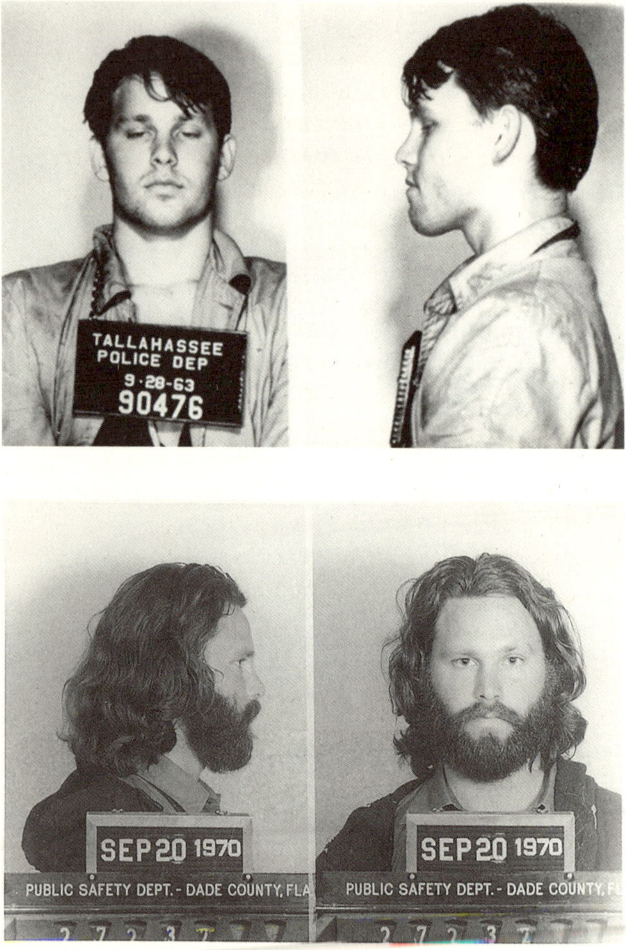

Verhaftungen mit unschmeichelhaften Polizeifotos ziehen sich durch Morrisons Karriere

schwemmt. Sogar Ray Manzarek musste jetzt der Wahrheit ins Auge sehen: »Er war verbraucht.« Hin und wieder, wenn in diesen Tagen das Gespräch auf Jimi Hendrix (gestorben am 18. September 1970) oder Janis Joplin (gestorben am 4. Oktober 1970) kam, sagte Morrison: »Du trinkst gerade mit Nummer drei.« Es klang nicht wie ein Scherz.

»This is the end / Beautiful friend«: Der Abschied

Später reimte sich Ray Manzarek alles so zusammen, dass es Sinn ergab. Jim war nach Paris gegangen, um einen neuen Lebensabschnitt anzufangen. *L. A. Woman* war das sechste Doors-Album innerhalb von vier Jahren, zusammen mit *Absolutely Live* ergab das sieben Platten – eine magische Zahl: Die sieben Stufen zum Himmel. Die sieben Chakren. Sie waren Elektra Records nichts mehr schuldig, endlich frei. Der Sänger konnte jetzt Dichter sein oder Regisseur, weiter Musik machen oder nicht. Er konnte Abstand nehmen von den sogenannten »Freunden« in Santa Monica / L. A., die vor allem von seinem Geld saufen wollten, und Jimbo hinter sich lassen. Klarheit statt Dauerbenebelung. Wieder der junge Mann sein, der massenhaft Notizbücher mit seinen überbordenden Gedanken vollschrieb, sich Inspiration holen und seine Leidenschaft wiederfinden. Das war der Plan, der leider nicht aufging.

Was geschah tatsächlich in der Nacht vom 3. Juli 1971 im dritten Stock in der 17 rue Beautreillis im 4. Arrondissement von Paris? Sicher ist, dass es Jim Morrison nicht gut ging. Weder körperlich noch seelisch. Zuletzt war nichts von dem, was er geplant hatte, umgesetzt worden. Nicht das Album mit Gedichten, nicht das Drehbuch mit Michael McClure, nicht die Oper, nicht das Buch über den Miami-Prozess. In Paris schien er sich einsam zu fühlen – seinen Freund Frank Lisciandro fragte er in einem Brief, wann er ihn endlich mal besuchen komme. Pam und er unternahmen kurze Reisen in den Süden Frankreichs, nach Spanien und Marokko, nach Korsika und London. Der Letzte von den Doors, mit dem Morrison telefonierte, war ausgerechnet John Densmore. Mitte Juni redeten sie über den erfreulichen Erfolg von *L. A. Woman*, und Morrison schlug vor, bald ein neues Album anzugehen. Densmore war einigermaßen beruhigt. Wie es um den Sänger wirklich stand, wusste er nicht. Morrison konnte mit dem Trinken einfach nicht aufhören, auch wenn er es immer wieder versuchte. Es half wenigstens stundenweise gegen die Depression. Er fühlte sich nicht mehr wohl in seinem Körper, litt unter seinem Übergewicht (jedenfalls verglichen mit dem drahtigen Jim vor einigen Jahren), unter Atemschwierigkeiten und seiner Impotenz.

Zur Ablenkung ging er am Abend des 2. Juli, einem Freitag, wahrscheinlich ins Kino – er wollte *Verfolgt* (*Pursued*) mit Robert Mitchum sehen, einen Western von 1947. Allein. Zumindest erzählte er das Pamela. Andere behaupteten, er wäre in der Kneipe »Rock'n'Roll Circus« gewesen, hätte auf der Toilette eine Überdosis Heroin genommen und wäre dann bewusstlos in seine Wohnung getragen worden, weil man dort keinen Ärger haben wollte. Die wahrscheinlichste Version ist wohl die, die Pamela erzählte: Jim kam nach Mitternacht nach Hause, in schlechtem Zustand. Sie gab bei der Polizei zu Protokoll, dass sie etwas Musik hörten und sie das Gefühl hatte, er bekäme schlecht Luft. Dann wollte er noch ein warmes Bad nehmen. Er rief nach ihr, weil ihm schlecht wurde. Als er sich übergeben musste, hielt sie ihm einen Topf hin. Er spuckte ein bisschen Blut, was Pamela anscheinend nicht sehr alarmierte. Sie kannte das schon. Ein Jahr nach seinem Tod erzählte sie Ray Manzarek, seine letzten Worte seien »Pam, are you still there?« gewesen. Sie legte sich hin, schlief ein – und als sie aufwachte, lag er tot in der Wanne. Angeblich lächelte er. Und Pamela dachte einen Moment lang, das sei wieder einer seiner blöden Scherze – bis sie merkte, dass er nicht mehr atmete. Sie rief die Feuerwehr, der Notarzt kam. Niemand konnte mehr etwas tun. Der Totenschein wurde auf 5 Uhr morgens ausgestellt.

Jerry Hopkins, der in der Biographie *Keiner kommt hier lebend raus* 1980 noch mit dem Gedanken gespielt hatte, dass Morrison seinen Tod nur vorgetäuscht habe, um fortan unbehelligt in Afrika oder anderswo weiterzuleben, entschied sich einige Jahre später für eine andere Variante. Nachdem er die wenigen Fakten wieder und wieder durchgegangen war, ging er nun davon aus, dass Morrison tatsächlich an einer Überdosis Heroin gestorben war, verstärkt durch den vielen Alkohol in seinem Blut. Auch Marianne Faithfull bestätigte vor einigen Jahren diese Annahme – sie war zu der Zeit mit Pamelas Dealer und ehemaligem Liebhaber, Jean de Breteuil, »Graf« genannt, zusammen. Angeblich hatte sie schon ein schlechtes Gefühl, als Jean den beiden die Drogen brachte, weil das Heroin so stark war und Morrisons Zustand so schlecht. (Breteuil starb wenige Wochen später an einer Überdosis.)

Da Jim anders als Pam eigentlich nie Heroin nahm, bleibt fraglich, ob er aus Versehen ihr Pulver schnupfte, weil er es für Kokain hielt – falls die These überhaupt stimmt –, oder ob er es bewusst nahm, wie Danny Sugerman es von Pamela selbst gehört haben will. Angeblich beichtete sie ihm wenige Wochen später: »Ich habe Jim getötet, es war mein Dope.« Nun sind Heroinabhängige nicht unbedingt die verlässlichsten Quellen, und zu dem Zeitpunkt waren Courson und Sugerman beide sehr benebelt. Und im Grunde spielt es keine große Rolle. Eine Vergiftung, ein Lungenödem, ein Herzinfarkt? Jim Morrison war tot. Das immerhin scheint heute sicher.

Das ganze Wochenende lang blieb Jims Körper auf dem Doppelbett liegen, auf Eis gepackt, so wie Pam es wollte. Am Montag wurde er in einem Sarg weggebracht. Und erst an diesem Montagmorgen erreichte Manager Bill Siddons endlich Pamela, die zunächst gar nicht mit ihm reden wollte – weil ihr der ganze Doors-Clan inzwischen suspekt war? Oder weil sie ein schlechtes Gewissen hatte? Am wahrscheinlichsten ist, dass sie vor Trauer überhaupt nicht klar denken konnte. Als sie Siddons schließlich doch die Wahrheit sagte, nahm der sofort das nächste Flugzeug nach Paris. Er sah den Sarg und den Totenschein, die Leiche nicht. Auch deshalb war einer der ersten Sätze, die Ray Manzarek angesichts der Todesnachricht sagte: »Vielleicht ist er gar nicht tot?« Ein kleiner Strohhalm der Hoffnung. Viel später gab Siddons zu, dass er damals gar nicht genauer wissen wollte, was passiert war – er war gerade mal 22 Jahre alt und völlig überfordert. Am Mittwoch wurde Jim Morrison in Père-Lachaise begraben. Er hatte den Parkfriedhof gemocht, weil dort Arthur Rimbaud und Oscar Wilde, Getrude Stein und Edith Piaf liegen.

Bis heute ist kaum vorstellbar, dass die Öffentlichkeit erst sechs Tage nach Morrisons Tod davon erfuhr, zwei Tage nach der Beerdigung. Siddons hielt die Nachricht angeblich so lange zurück, weil man keinen Zirkus auf dem Friedhof haben wollte. Anwesend waren nur Pamela Courson, Bill Siddons, Jims

Freunde Alain Ronay und die Filmemacherin Agnès Varda und die Sekretärin Robin Wertle. Nicht einmal seine Familie war rechtzeitig unterrichtet worden. Siddons sprach von einer »einfachen Zeremonie«: »Ich kann sagen, dass Jim friedlich starb, eines natürlichen Todes … Er hatte wegen Atemproblemen einen Arzt in Paris konsultiert und klagte auch am Samstag, dem Tag seines Todes, darüber. Ich hoffe, man wird sich an Jim nicht nur als Rocksänger und Dichter erinnern, sondern auch als warmherzigen Menschen.« Pamela reiste sofort aus Paris ab, auch das etwas ungewöhnlich – am Grab ihres Geliebten schien ihr wenig zu liegen.

Eigentlich hatte Morrison sich vorgestellt, »mit ungefähr 120« zu sterben, »mit einem Sinn für Humor und in einem netten, gemütlichen Bett«. Interessant ist, dass er damals hinzufügte: »Ich würde nicht wollen, dass jemand dabei ist.« Zumindest dieser Wunsch hat sich erfüllt. Und vielleicht war er bei diesem Interview auch nicht ganz ehrlich gewesen mit den 120 Jahren, denn Manzarek erinnerte sich daran, dass Morrison schon ganz früh eine Ahnung hatte, dass er wohl nicht alt werden würde. »Ich sehe mich selbst wie eine Sternschnuppe«, soll er ihm einmal bei einem Strandspaziergang erzählt haben – wunderschön anzusehen, schnell verglüht.

Die Hinterbliebenen mussten sich nun zunächst mit dem Horror herumschlagen, der sich nach dem Tod eines geliebten Menschen auftut: Zur Trauer mit all ihren Nebenwirkungen kommt noch die Frage, wer sich um den Nachlass kümmern darf. Zunächst ging Jims Erbe auf Pamela über, nach deren Tod 1974 übernahmen ihre Eltern und die Morrisons – Jims Vermächtnis lag also in den Händen eines ehemaligen Schuldirektors und eines Ex-Marineoffiziers. Na, das hat ihn sicher begeistert. Hoffentlich hat er laut gelacht.

Die drei Musiker, die sich so oft vorgestellt hatten, dass die Band ohne Morrison viel mehr Spaß machen würde, merkten jetzt, dass es ohne ihn doch nicht ging. Besonders John Densmore kämpfte mit Schuldgefühlen, aber auch mit Wut: »Ich dachte immer: Warum konnte er kein normaler Typ sein, dann könnte er doch immer noch großartige Songs schreiben. Er müsste doch nicht so verrückt sein und so viel seltsames Zeug machen. Aber nein, Typen wie er können das nicht, sie setzen die Grenzen für den Rest von uns.« Dabei war das Problem wohl eher, dass niemand Jim Morrison wirkliche Grenzen gesetzt hatte – so sah es jedenfalls Ray Manzarek: »Als Star wird dir praktisch alles vergeben. Es ist die ultimative Nachsicht. Und die hat Jim mit 27 in den Äther geschickt.« Müssen Kreativität und Selbstzerstörung immer zusammenhängen? Densmore hat sich in den letzten Jahrzehnten immer wieder ganz vehement gegen diese Annahme gewehrt, oft Picasso als Beispiel für ein altgewordenes Genie herangezogen – und junge Leute gewarnt: »Es bringt nichts, Lederhosen anzuziehen und zu saufen und zu glauben, dann wird's was.«

Im August 1971 widmete der amerikanische *Rolling Stone* seinen Titel Jim Morrison, nur mit der Unterzeile »1943–1971«, auf dem Foto sah er mit seinem Bart und dem entrückten Blick wohl nicht zufällig wie Jesus aus. Zehn Jahre später, im September 1981, griffen sie lieber auf eines der hohlwangigen Bilder zurück – und feierten den Mythos eher zynisch: »He's hot, he's sexy, and he's dead«. Da war längst mehr als ein Totenkult um Jim Morrison entstanden, die Verehrung glich teilweise einer Hysterie – auf dem Friedhof spielten sich zu den Jubiläen dramatische Szenen ab. Der frühe Tod vieler Rockstars wurde auf eine bizarre Weise glorifiziert – am schrecklichsten verdichtet in dem Begriff »Club 27«.

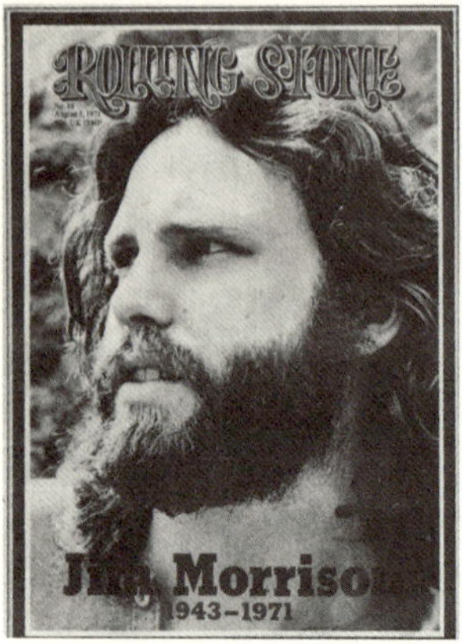

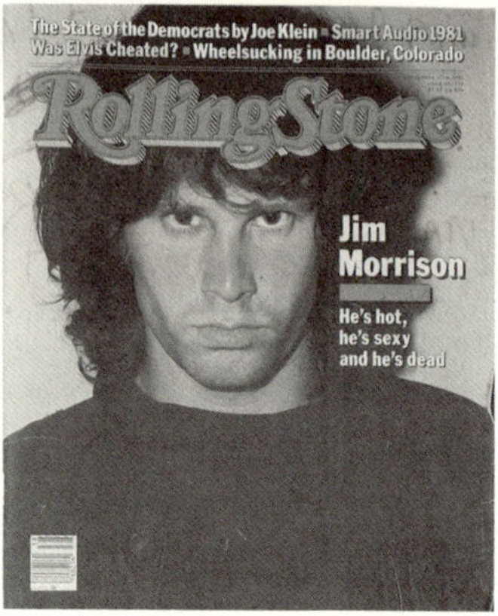

Auch Jahrzehnte nach seinem Tod ein gerne gesehenes Cover-Modell: Jim Morrison

Auf den Tag genau innerhalb von zwei Jahren starben vier berühmte Musiker mit 27 Jahren. Rolling-Stones-Gitarrist Brian Jones (28. Februar 1942 – 3. Juli 1969) ertrank in seinem Swimmingpool. Jimi Hendrix (27. November 1942 – 18. September 1970) erstickte nach zu viel Alkohol und Schlaftabletten an seinem Erbrochenen. Janis Joplin (19. Januar 1943 – 4. Oktober 1970) starb an einer Überdosis Heroin. Und am 3. Juli 1971 dann eben Jim Morrison, offiziell an Herzversagen. Man kann nicht mal behaupten, dass sie in der Blüte ihrer Jahre gingen oder ähnlichen Kitsch, denn sie hatten zumindest ihre Körper schon ziemlich ruiniert. Die unschuldigen Hippie-Jahre gingen vorbei. Diese vier wurden zu den ersten überdeutlich sichtbaren Zeichen, wie tödlich Hedonismus sein kann und dass von »Sex, Drugs & Rock'n'Roll«, wenn man nicht aufpasst, am Ende nur die Drogen übrigbleiben. So ähnlich war es später auch bei Kurt Cobain (20. Februar 1967 – 5. April 1994) und Amy Winehouse (14. September 1983 – 23. Juli 2011). Nun könnte man für einige andere Lebensjahre ebenso viele Rockstartode finden, aber die 27 hat sich so eingeprägt, dass es sogar geschmacklose T-Shirts mit »Club 27«-Aufdruck gibt.

In Père-Lachaise lebte die Legende weiter, ob sie wollte oder nicht. Jim Morrisons Grab war immer leicht zu finden. Als ich 1989 dort war, wiesen Graffiti den Weg (»Jim: this way!« oder »The end: to the left!«), die Stimmen und das Kameraklicken der Fans konnte man von weitem hören. 6. Division, 2. Reihe, Grab 5: Wie klein der Platz ist, an dem der Körper dieses großen Sängers begraben wurde, fand ich zuerst schockierend. So sieht doch keine Pilgerstätte aus. Zwischen anderen, pompöseren Gräbern war es nur ein sehr bescheidenes Rechteck mit einem Steinklotz, auf dem »Jim Morrison, 1943–1971« eingraviert war – er war erst 1981 dort hingesetzt worden. Die Büste, die damals darauf stand, war schon 1988 geklaut worden. 1991 ließen Jims Eltern einen neuen Grabstein anfertigen, mit einer griechischen Inschrift: »Kata Ton Daimona Eaytoy« – übersetzt in etwa »seinem Geist entsprechend«. Admiral Morrison wollte damit ausdrücken, dass sein Sohn immer nach seinen eigenen Maßstäben gelebt, sein Schicksal selbst bestimmt habe – eine späte Anerkennung. Heute kann man das Grab nur noch aus der Entfernung ansehen, weil wegen des Vandalismus ein Zaun aufgestellt wurde, und die Wachen sind auch wachsamer als früher. Mit der »letzten Ruhe« wird es für Jim Morrison an diesem Ort also nichts, dafür ist sein rebellischer Geist dort noch zu lebendig.

Allerdings muss man gar nicht nach Paris fahren, um zu spüren, wie sehr Jim Morrison immer noch präsent ist. Ständig gibt es Neuauflagen der Alben, jedes einigermaßen ansehnliche Archivmaterial wird veröffentlicht, immer wieder arbeiten sich Schriftsteller und Journalisten an dem Mann, dem Mythos ab. Die restlichen Doors versuch(t)en, Jims Vermächtnis zu bewahren und zu monetarisieren, gerieten sich darüber oft in die Haare und fanden nie einen würdigen Ersatz für ihren einzigartigen Sänger. Derjenige, der am meisten zur Legendenbildung beigetragen hat, ist allerdings ein anderer: Danny Sugerman, der wohl größte Jim-Morrison-Fan aller Zeiten. Neben dem Standardwerk *Keiner kommt hier lebend raus* hat er etliche weitere Bücher über die Doors (mit)geschrieben oder zusammengestellt, doch lesen sollte man vor allem seine Autobiographie *Wonderland Avenue*, in der er gnadenlos deutlich beschreibt, wohin einen zu viel Verehrung führen kann. Aber auch, wie wunderbar es ist, sich der Liebe zur Musik (und dem Mann, der sie lebte) ganz hinzugeben. Die Leidenschaft hat Sugerman nie bereut, nur die Auswirkungen.

Danny Sugerman wurde 1954 geboren und wuchs wohlbehütet in Beverly Hills auf, bis sich seine Eltern trennten und er nach Westchester ziehen musste, einem nicht ganz so schönen Stadtteil von Los Angeles. Er traf Jim Morrison zum ersten Mal 1967 bei einem Konzert, Sugerman war 12 Jahre alt. Bei der zweiten Begegnung bot Morrison ihm ein Bier an, Sugerman schaute der Band im Proberaum zu und wäre am liebsten für immer dortgeblieben. Er schlief auf der Couch. Hing immer häufiger bei den Doors herum, bis Morrison ihn schließlich fragte, ob er nicht ihre Fanpost bearbeiten wolle. Er wollte.

In den folgenden Jahren versorgte Jim ihn mit Literatur, die er lesen sollte, gab ihm den einen oder anderen Ratschlag – und dann ging er nach Paris und kehrte nicht zurück. Sugerman war so verzweifelt, wie ein 17-Jähriger ist, dem man den schwankenden Boden unter den Füßen weggerissen hat. Er kümmerte sich weiterhin um Ray Manzareks Publicity, arbeitete auch kurz für Iggy Pop, aber Morrison blieb sein Lebensthema. Nebenbei wurde er heroinabhängig und musste sich mit 21 der Frage stellen, ob der blöde Satz »Only the good die young« auch für ihn gelten sollte. Und dann erkannte er: »Jim Morrison fand nie, was er suchte. Diese intensiv dramatische, charismatische Suche? Das war alles umsonst. Er bekam nichts. WIR bekamen Morrisons Leben, aber er verlor es. Er bekam nichts. Er bekam den Tod.« Und er erinnerte sich an das, was Morrison ihn gelehrt hatte: »Edle Gefühle und Stolz. Befreiung. Leiden. Ekstase. Freiheit.« Ein klassischer Fall von: Mach nicht, was ich tue. Mach, was ich sage. »Morrison war als Lehrer immer besser als als Vorbild.« So kam er zu dem Schluss: »Sterben ist leicht. Es ist das Leben, wofür man wirklich Mut braucht.« Und wer sagt, dass der Exzess, der zur Weisheit führt, chemisch sein muss?

Also befreite Sugerman sich von den Drogen und akzeptierte, dass der Schmerz über den Verlust eben auch ein Zeichen der Liebe ist, und er lernte, mit der Trauer um Jim und Pam und all die anderen zu leben. Er starb am 5. Januar 2005 an Lungenkrebs; er wurde 50 Jahre alt. Fast 40 davon verbrachte er damit, Jim Morrison zu bewundern, zu versuchen, Jim Morrison zu verstehen, über Jim Morrison zu diskutieren und zu schreiben.

Solange man den Namen eines Menschen ausspricht, wird er niemals tot sein – diesen Glauben der alten Ägypter hat Ray Manzarek im Laufe der Jahre gern weitergegeben, stets mit dem Zusatz: »James Douglas Morrison.« Und tatsächlich redet man heute noch über den Sänger. Auch 50 Jahre nach seinem Tod berührt dieser Mann so viele Menschen, sind seine Stimme und seine Worte weiterhin hier. In »An American Prayer«

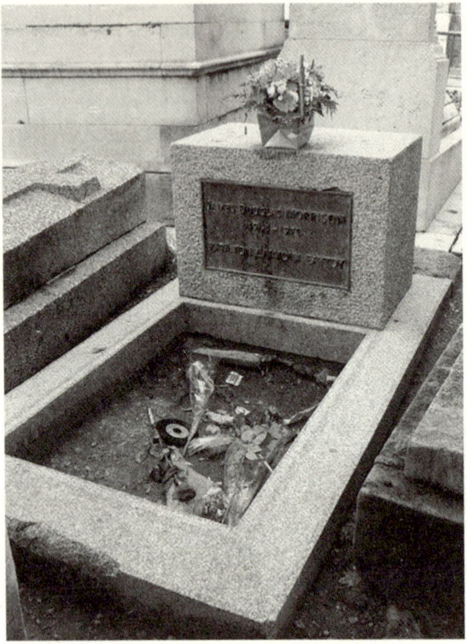

Jim Morrisons bescheidenes Grab in der Gegenwart. Die Inschrift auf dem Grabstein: »James Douglas Morrison / 1943–1971 / Kata Ton Daimona Eaytoy«.

beschreibt er das Leben als Kinoveranstaltung: »The program for this evening is not new / You've seen this entertainment through and through / You've seen your birth, your life and death / You might recall all of the rest.« Und stellt dann die entscheidende Frage: »Did you have a good world when you died? Enough to base a movie on?«

Jim Morrison hatte mehr: eine Welt, der kein Film, kein Buch, kein Bild je gerecht werden könnte. Das Feuer, das er angezündet hat, wird ewig brennen.

Sechs wilde Jahre

Sommer 1965:	Morrison trifft Ray Manzarek in Venice Beach und singt ihm »Moonlight Drive« vor. Sie gründen eine Band, nehmen John Densmore und Robby Krieger dazu und nennen sich The Doors.
Feb.–Aug. 1966:	Auftritte im »London Fog« und »Whisky a Go Go«
18. 08. 1966:	Die Doors unterschreiben bei Elektra Records einen Plattenvertrag.
04. 01. 1967:	Veröffentlichung des Debüts *The Doors*
25. 09. 1967:	Veröffentlichung von *Strange Days*
09. 12. 1967:	Konzert in New Haven / Connecticut, bei dem Morrison verhaftet wird
03. 07. 1968:	Veröffentlichung von *Waiting For The Sun*
01. 03. 1969:	Die Doors treten in Miami/Florida auf, Morrison wird später wegen unzüchtigen Verhaltens angeklagt.
1969:	Morrison veröffentlicht zwei Gedichtbände.
18. 07. 1969:	Veröffentlichung von *The Soft Parade*
09. 02. 1970:	Veröffentlichung von *Morrison Hotel*
20. 07. 1970:	Veröffentlichung von *Absolutely Live*

08. 12. 1970: An seinem 27. Geburtstag nimmt Morrison einige Gedichte auf, die erst 1978 von den restlichen Doors als *An American Prayer* vertont werden.

12. 12. 1970: Letztes gemeinsames Konzert der Doors in New Orleans / Louisiana

13. 03. 1971: Jim Morrison zieht mit Pamela Courson nach Paris.

19. 04. 1971: Veröffentlichung von *L. A. Woman*

03. 07. 1971: Pam findet Jim tot in der Badewanne, das Begräbnis findet drei Tage später statt.

Lektüretipps

Densmore, John: Riders on the Storm. My Life with Jim Morrison and The Doors. New York 1990. (Dt.: Riders on the Storm. Mein Leben mit Jim Morrison und den Doors. Aus dem amerikanischen Englisch übersetzt von Rainer Moddemann. Höfen 1991.)

– The Doors: Unhinged. Jim Morrison's Legacy Goes on Trial. North Charleston (South Carolina) 2013.

Hopkins, Jerry: The Lizard King: The Essential Jim Morrison. New York 1992. (Dt.: Der König der Eidechsen. Die endgültige Biografie und die großen Interviews. Aus dem amerikanischen Englisch übersetzt von Manfred Ohl u. a. München 2001.)

– / Daniel Sugerman: Keiner kommt hier lebend raus. Die Jim-Morrison-Biografie. München 2001.

Kennealy Morrison, Patricia: Strange Days. Mein Leben mit Jim Morrison. Köln 1998.

Manzarek, Ray: Light My Fire: My Life with The Doors. New York 1999. (Dt.: Die Doors, Jim Morrison und ich. Aus dem amerikanischen Englisch übersetzt von Kirsten Borchardt. St. Andrä / Wörden 1999.)

Marcus, Greil: The Doors: A Lifetime of Listening to Five Mean Years. New York 2011. (Dt.: The Doors. Aus dem amerikanischen Englisch übersetzt von Fritz Schneider. Köln 2013.)

Rappel, Veit: The Doors: Story und Songs kompakt. Berlin 2002.

Sugerman, Danny: Jim Morrison / The Doors. Eine Bildgeschichte. München 2000.

– Wonderland Avenue. Tales of Glamour and Excess. London 1991. (Dt.: Wonderland Avenue: Sex, Drugs & Rock'n'Roll. Aus dem amerikanischen Englisch übersetzt von Dennis Scheck. Augsburg 1991.)